철밥통을 차버린 여자

철밥통을 차버린 여자

초 판 1쇄 2022년 11월 21일

지은이 김원주
펴낸이 류종렬

펴낸곳 미다스북스
총괄실장 명상완
책임편집 이다경
책임진행 김가영, 신은서, 임종익, 박유진

등록 2001년 3월 21일 제2001-000040호
주소 서울시 마포구 양화로 133 서교타워 711호
전화 02) 322-7802~3
팩스 02) 6007-1845
블로그 http://blog.naver.com/midasbooks
전자주소 midasbooks@hanmail.net
페이스북 https://www.facebook.com/midasbooks425
인스타그램 https://www.instagram/midasbooks

ⓒ 김원주, 미다스북스 2022, *Printed in Korea*.

ISBN 979-11-6910-101-1 03190

값 15,000원

철밥통을
차버린
여자

인생을
낭비하지 않기 위해
'나'를 선택했다

김원주 지음

미다스북스

공무원, 배가 불렀다고?

출근할 때면 매일같이 우울했다. 봄꽃이 피고 하늘은 맑다 못해 빛나는 날씨에도 눈물이 났다. 도살장에 끌려가는 소가 따로 없다. 겨우 마음을 추스른 후 일을 시작할 때는 스위치를 누르면 작동되는 기계처럼 아무 생각 없이 움직였다. 심한 우울증이었다. 그래서 나는 아픔을 주변에 호소했다.

"배가 불렀구나. 정신 차려라, 누구 염장 지를 일 있냐. 남들은 하고 싶어도 못 해서 안달인데 웬 불만이냐. 인생 별것 없다. 그냥 정년 때까지 조용히 버텨라."

힘들다는 말은 뾰족한 화살로 되돌아왔고 여러 번의 퇴짜 경험 후에는 스스로 입을 닫았다. 동료라도 업무가 엮이면 더 이상 내 편이 아니다. 직장 내 고충처리센터? 담당자는 어차피 나와 별반 다르지 않은 말단 직원일 뿐이다.

3년을 계약직 사서로, 17년을 사서직 교육 공무원으로 일했다. 일찌감치 그만두고 싶었지만 직업의 안정성과 단 하루도 밀리지 않는 월급의 달콤함을 버리는 게 무척 힘들었다. 눈에 초점을 잃은 날이 수년간 반복되면서 감정은 무뎌졌고 신체 노동이 없음에도 몸뚱이는 온종일 축 늘어진 파김치 같았다. 온갖 이유를 제쳐두더라도 우선 나한테 못할 짓이었다. 일과 직장과 삶에 대해 생각하고 또 생각했다.

그러다 던진 질문, '생의 마지막 순간 나는 무엇을 가장 후회하게 될까?'

생각이 명쾌해졌다. 단지 돈 때문이라면 더 이상 인생을 낭비하고 싶지 않았다. 버틸 대로 버티다 20년 되던 해 직장을 버리고 '나'를 선택했다.

이 책은 10여 년간 책을 읽으면서 책이 어떻게 내 인생의 돌파구가 되었는지에 대한 내용이다. 책은 힘겨운 직장생활을 버티게 하는 종합 비타민이었고 퇴사 후 초보 사업가로서 가야 할 방향을 제시해주는 등대였다. 기계의 소품처럼 무의미하게 작동하던 하루는 스스로 선택하고 주도하며 가슴 뛰는 삶으로 바뀌었다. 읽는 시간이 쌓이고 쓰는 시간이 더해지면서 나는 점점 단단해졌다. 20년간 사서로 일하며 쌓인 얕은 노하우를 더하여 상세히 적었다. 그렇다고 독서를 잘할 수 있는 대단한 비법이 있는 것은 아니다. 이미 독서 방법에 관한 책이 시중에 많으며 나는 그런 전문적 학술가가 아님을 밝힌다. 또한 이 책은 공무원을 비롯해 사회가 대략 괜찮다고 인정하는 위치에 있는 사람들이 '사실은 아프다'고 토로할 때 토닥거리며 나도 그랬다고, 별것 아니라고 위로해주고 싶은 책이다. 그 아픔은 삶의 일부일 뿐 전부가 아닐 뿐더러 독서를 통해 상처를 밖으로 드러내어 잘 아물게 하기 위함이다. 책을 읽는 기술적 '방법'이나 '행위'가 아니라 거울에 비춰진 '나'의 내면을 살펴보는 데 집중하였다. 잘만 활용하면 독서는 2만 원 미만을 투자하여 가장 쉽고도 깊게 삶을 즐길 수 있는 방법이다.

　책은 6장으로 구성되어 있다. 1장은 나를 알아가는 방법 중 조직에서 벗어난 나는 어떤 사람인가를 되짚어본다. 2장은 안정된 직장을 가졌다고 해서 안주할 것이 아니라 왜 책을 읽어야 하고 나는 무엇을 하고 싶은지에 대해 이야기한다. 3~4장은 오직 나를 위한 이기적 독서법과 읽기만 하고 끝나는 것이 아닌 목적에 맞는 독서를 위한 타깃 독서법에 대해 알아본다. 위의 독서법을 이해하고 나면 당위적 독서에서 벗어나 책과 연애하듯 즐기는 독서를 할 수 있다. 5~6장은 즐기는 독서를 통해 책 속 내용을 삶에 적용하고 습관화하기 위한 방법을 제시하고 직장이 아닌 직업, 또는 취미를 통한 인생 부캐(부가 캐릭터)의 기틀을 준비하고자 한다. 나에 대한 호기심을 바탕으로 가장 잘 어울리는 책을 선택한 후 삶에 적용하여 어제보다 나은 오늘을 사는 기쁨을 맛보길 희망한다.

퇴사한 지 3년이 지났다. 퇴사 몇 해 전부터 부동산과 경매 공부를 해왔다. 정확히 세어보지 않았지만 관련 책만 수백 권을 읽었다. 넘치게 입력했더니 이제 목차만 보고도 내용을 꿸 수 있을 정도가 되었다. 퇴사 후에는 오프라인 및 온라인 사업에 도전하여 지금은 사업소득과 임대 소득을 합쳐 직장에서 받던 월급의 두 배가 되었다. 물론 자영업자의 소득과 공무원의 월급을 단지 숫자의 차이로 비교하는 건 큰 오산이다. 불안함에 밤잠을 설칠 때, 자존감이 바닥으로 떨어질 때도 있고 일하지 않는 동안이라도 입금 알람으로 어깨춤이 춰질 때도 있다. 성과가 좋은 것도 있고 안 좋아 정리한 것도 있다. 현재 작가가 되기 위한 첫발을 떼는 이 모든 과정에 책과 저자가 함께하며 나만의 속도로 조금씩 성장하고 있다.

멀쩡한 직장 그만두고 더 큰 세상에서 "꿈을 펼쳐보자."라고 함부로 말하고 싶지 않다. 적어도 내게 퇴사는 할까 말까의 선택 사항이 아니었다. 내가 끝내 하지 못했던, 여전히 잘 버텨내고 있는 사람들을 나는 존경한다. 다만 직장의 고단한 무게로 인해 회사 밖에서도 일상의 감각이 마비되어 오랜만의 가족 여행에도 맘껏 마음을 내지 못하는 이가 있다면 이 책을 읽어보길 권한다. 책 읽기가 밥 먹듯 익숙한 누군가의 이야기를 통해 현재 행복하든 불행하든 자기 삶을 대변하는 책 목록을 만들어 찬찬히 들여다보기 바란다. 자신이 선택한 목록이 무엇을 말하고 있는지, 그 책을 읽는 자신을 살펴보며 하루 중 단 몇 시간이라도 마음껏 살고 스스로 풍요롭다 인정하는 삶으로 나아갈 수 있기를 기대한다. 여기에 그 방법이 있다.

2022년 11월, 김원주

목 차

제1장

조직에서

벗어난 후

남은 나

퇴사하는 공무원들

자아는 이미 만들어진 것이 아니라 선택을 통해 계속 형성되는 것이다.

- 존 듀이 -

　부모님이 사시는 시골 마을, 몇 년 전 아랫집 할머니의 손자가 교육 행정 공무원 시험에 합격했다며 마을 잔치를 했다. 그놈의 공부가 뭔지 중학생 때부터 명절에도 내려오지 않아 수년을 손자 얼굴조차 구경하지 못했어도 자랑스러움에는 여지가 없었다. 그렇게 직장생활을 잘하나 싶었는데 임용 3년쯤 지나 전해들은 소식은 스스로 생을 마감했다는 것이다. 상사에게 받은 업무 스트레스란 말도 있고 본래 성격이 낯을 많이 가려 사회생활에 안 맞았을 거란 말도 있었다. 뉴스에서나 들었던 일이 이웃에서도 일어나다니 공직에서 근무했던 나는 더 맘이 쓰려왔다.

공무원 연금 공단 통계에 따르면 재직 3년 이하 공무원 퇴직자는 2018년 5,166명, 2019년 6,147명, 2020년 8,442명으로 계속 증가하는 추세다. 극단적 선택을 하는 사례도 드물지 않다. 수십 대 일의 경쟁률을 뚫고 그 자리에 섰지만 현장은 만만치 않다. 상명하달의 수직 관계, 서로 책임을 지지 않으려는 무책임, 나만 아니면 된다는 무관심을 슬기롭게 이겨내지 못하면 견디기 무척 힘들 것이다.

나는 어떤 존재인가

근무하던 학교에서 회식하는 날 학년별로 정해진 자리가 있는데 비담임인 나는 초대된 불청객이었다. 업무 조직도에는 분명히 내 이름이 있지만 남의 집에 얹혀사는 불안함을 안고 있었다. 퇴사하는 날 친목회의 규정에 따라 하얀 봉투에 5만 원을 받았다. 관리자는 그동안 수고했다는 간단한 말 대신 내 능력의 아쉬움을 한 번 더 짚어주었다. 마침 결재서류를 가지고 와 들이민 직원 덕에 그 자리에서 빠져나올 수 있었다. 덕분에 미련도, 아쉬움도 없이 차라리 홀가분했다. 들어가는 것은 어려워도 나오는 것은 이렇게나 쉬운 것을 17년이나 뜸을 들였다.

직장에서의 부존재감이 오히려 나는 어떤 사람인가를 고민하게 했다. 언제 어떨 때 가장 나다운가를 찾고자 노력했다. 나를 힘들게 하는 환경에서 벗어나면 또 다른 세상이 있기 마련이다. 어떤 경우에도 목숨을 내어줄 만큼 스스로를 희생해서는 안 된다. 정체성을 찾아야겠다는 결정에 종지부를 찍은 것은 언젠가는 마주할 나의 죽음을 바라보면서였다.

TV 예능 프로 〈유 퀴즈 온 더 블록〉에서 진행자 유재석이 출연자 재재에게 질문했다.

"앞으로 목표가 뭐예요?"
"호상이요."

젊은 사람이 호상이 목표라니 어이없어 웃고 말았지만 곱씹어보니 언젠가부터 호상만큼 복 받은 인생이 있을까 싶다. 죽음을 생각하니 과감해졌다. 삶의 마지막 순간 가장 후회할 것 같은 일은 썩은 동태눈으로 평생을 꾸역꾸역 직장을 다닌 것이었고, 지금 당장 해야 할 일은 일생에 한 번은 눈에 불을 켜고 열정을 쏟을 수 있는 일에 매진하는 것이라 결론 내렸다.

우리는 모두 시한부 인생이다. 한 달일지, 6개월일지, 30년일지 아무도 모르지만 인식되지 않고 손에 잡히지 않는 두려운 죽음 앞에서 어렴풋이나마 명확한 삶을 살고자 한다. 정작 죽음을 인지하는 날이 오면 삶은 더 흔들릴지도 모르겠다. 선택할 수 없는, 어쩔 수 없는 죽음 앞에서 삶에 대한 속상함과 아쉬움으로 몸부림치지 않기 위해 나에게 주어진 빛나는 하루를 오늘도 감사히 받들며 취침 전에 '오늘도 잘 살았다'고 말할 수 있는 하루를 살고 싶다.

나 자체로 충분히 소중하다

2019년 5월 1일. 의원 면직과 동시에 법인을 설립해 제2의 직장인의 삶이 시작되었다. 꽃다발이나 사람들의 격려와 환호를 대신해 경매로 낙찰받은 아파트가 나의 퇴직을 축하해주었다. 기관의 업무 조직도에서 내 이름이 완전히 사라졌지만 마음속에 당당히 이름 석 자를 새길 수 있어 벅차다. 평일 오전 따뜻한 봄바람 맞으며 산책할 수 있고 가끔 기분 내킬 때 낮술 한잔 즐길 수 있는 삶을 드디어 이루었다.

면직을 후회하는 날이 올까. 그건 모를 일이다. 동전의 양면이 있듯 좋은 것만큼 아쉬움도 있다. 자유를 선택한 대신 책임의 무게가 커졌고 안정적이던 수입은 들쑥날쑥해졌다. 싫은 사람 앞에서 거짓 웃음을 짓지 않아도 되고 불평불만인 사람에게 에너지를 빼앗기지 않아도 된다. 나의 가치를 떨어뜨리는 사람보다 가능성을 인정해주는 사람과 에너지를 주고받으며 서로에게 힘이 되어주고 싶다. 지난 선택을 후회하지 않기 위해 도전하고 있고, 후회하더라도 그런 자신까지 받아들일 줄 아는 나를 그저 믿을 뿐이다.

02

조직, 명함 빼고 남은 나

자신에게 명령하지 못하는 사람은 남의 명령을 들을 수밖에 없다.

– 한근태, 『고수의 일침』 –

언니, 나 드디어 합격했어요!

임용을 준비하던 후배 Y에게 연락이 왔다. 대학을 졸업한 지 십 수 년이 지났고 여러 번 낙방했던 경험이 있어서인지 지난 세월만큼이나 기쁨이 컸다. 당장 만나 밥을 먹고 핫플 카페의 예쁜 인테리어를 배경으로 꽃다발 수여식을 치르며 우리만의 시끄러운 축하 파티를 끝내고 집으로 돌아오는 길. 기분이 묘하다.

퇴사 후 처음으로 명함을 꺼내봤다. 나의 명함은 공무원증이었다. 거래처에 건네주는 용도보다는 신분증에 가깝다. 앞면에 사진이 있고 뒷면에 소속과 직위, 직급, 생년월일 등 신상정보가 적혀 있다. 오랜만이 봐서인지 사진 속의 내가 참 낯설다. 명함의 유효 기간이 끝난 지 이제 3년째. 혼란스럽고 복잡한 과정을 지나 점점 안정되어간다. 평일 오전 카페에서 달콤한 라테 한잔에 글을 쓸 수 있는 시간적 여유와 순간의 행복을 누리고 있지만 가끔 전 직장 동료를 만난 후 문득 찾아오는 불쾌하지는 않지만 유쾌하지도 않은 낯선 기분. 내 존재의 유효 기간도 끝난 것은 아닌지 갑자기 쓸쓸하다.

책을 쓰기로 마음먹다

한스 컨설팅 대표 한근태는 『당신이 누구인지 책으로 증명하라』에서 말한다. "책은 최고의 자기소개서이다. 회사에 있을 때는 내 능력과 별개로 회사를 등에 업고 회사 브랜드로 살아간다. 회사를 나오는 순간 명함이 사라지면서 정체성이 사라진다. 이를 해결할 최선의 방법은 자신이 어떤 사람인지 자신을 증명할 수 있는 책을 써서 책을 통해 나를 보여주는 것이다." 이 책을 쓰는 계기가 되었다. 내가 사라지지 않았다는 것을 증명해 보이고 싶었다.

한근태 박사는 서울대졸, 공학박사, 대기업이라는 화려한 명함을 모두 버리고 마흔두 살에 컨설턴트라는 새로운 도전을 했고 결국 성공했다. 직장인이라면 퇴직을 하고도 한참이 지난 나이임에도 여전히 블로그에 글을 쓰고 책을 출간하며 매일 도전하는 삶을 실천하고 있다. 할아버지가 된 지금 보통의 할아버지들과 다르게 꾸준히 사회 활동을 하는 것은 지금까지 남과 다른 선택을 해 왔기 때문이고 외롭고 힘든 과정을 거친 데 대한 나름의 보상이라 짐작한다.

퇴사 후 나만의 가치는 무엇인가?

당장 사표를 쓰고 새로운 도전을 하라는 것은 아니다. 40대 중반쯤 되면 자의 또는 타의에 의해 직장을 그만둘 수밖에 없는 경우가 흔히 있다. 이 책을 읽는 당신은 그나마 든든한 직장을 가진지라 정년 퇴직이 가능하다 해도 적어도 30년은 더 살아내야 한다. 소속이 없어져 명함 뭉치를 버려야 할 때 당신은 이름 옆에 뭐라고 써넣을 것인가? 회사 밖에서 무엇을 할 수 있을까? 월급 외에 어떤 능력으로 돈을 벌 수 있을까? 혼자 힘으로 어떤 집단에 소속되어 에너지를 창출할 수 있을까? 발가벗겨져 아무것도 없는 상태에서 다시 시작할 수 있는 나만의 가치는 무엇일까?

퇴사 즈음부터 꾸준히 생각해 왔고 앞으로도 풀어가야 할 숙제이다.

벌거벗은 나와 마주하기

기관명과 소속이라는 포장지를 벗고 이름만 남은 나의 모습을 미리 만나보아야 한다. 아무것도 할 수 없는 초라한 모습을 인정하고, 안전지대에 있는 지금 마음 가는 이것저것에 여러 번 도전하고 충분히 준비하자. 퇴직 후는 늦다. 그때도 난 '뭘 해야 할지 모르겠어.'라는 말을 뱉지 않도록 차근차근 준비해야 현실과 마주한 내 모습에 당황하지 않는다.

이 일이 돈이 되겠어? 여러 가지 하고 싶은 일들을 탐색하다가 괜찮다 싶은 일 앞에서 한 번쯤 의심해봤을 것이다. 경험상 돈을 목표로 시작한 일은 원하는 만큼의 돈을 가져다주지 않는다. 좋아하는 일이 돈으로 환산했을 때 당장 가치가 없다는 이유로 시도조차 꺼리는 실수는 하지 않기를 바란다. 돈이 삶의 기준이 될 때 새로운 시도는 멈추게 된다. 『뼛속까지 써내려가라』의 나탈리 골드버그는 이렇게 말했다. "안정된 삶의 방식을 가지려고 너무 염려할 필요는 없다. 자신이 진정으로 원하는 일을 시작할 때 이미 당신은 끝까지 그 일을 따라갈 깊은 안전성을 보유하고 있는 것이다. 엄청난 액수의 연봉을 받은 사람이라고 해서 그 사람의 인생이 평생 안정될 거라고 누가 장담할 수 있단 말인가?"

우리 모두는 저마다 자기만의 속도와 고유한 색이 있다. 임용에 합격한 후배는 공무원의 명함을 손에 쥐었다. 다소 늦은 감이 있지만 조직의 명함 하나로 인정받는 안정된 삶을 충분히 누릴 것이다. 나는 과거의 명함은 버리고 새 명함에 넣을 문구를 새기고 있다. 작가 한근태 님의 가르침대로 이 책이 세상에 나오는 날 또 하나의 명함을 가지게 된다. 먼 훗날 새로운 명함 속 이력의 유효 기간마저 끝나 마지막 남은 내 이름마저 사라진다 해도 경험의 나이테만은 진하게 남을 수 있도록 꾸준히 의미 있게 살아낼 것이다.

03

나는 무엇을 욕망하는가

그 무엇도 직선으로 움직이지 않는다. 어떤 목표도 좌절과 방해를 겪지 않고 이루어지는 법은 없다.

- 앤드류 매튜스 -

취직을 하고도 한참 후에야 '잘살고 있는지'에 대한 진지한 고민을 하기 시작했다. 대학 졸업하고 바로 취업, 결혼 후 예쁜 자식까지 낳으면 '불행 끝, 행복 시작'일 줄 알았지만 삶은 그렇게 간단하지 않았다. 다 가진 듯 보여도 늘 공허했다. 나는 어떤 사람인지, 무엇을 할 때 기쁘고 슬픈지, 어떤 삶을 살고 싶은지 나에 대해 아는 것이 아무것도 없었다. 입사 초기에는 이직을 위해, 퇴사 즈음부터 수익 창출을 위해, 최근에는 자아 성찰을 위해 스스로에게 질문했다. 뾰족한 답이 나오지 않는 것은 당연지사. 그래도 묻고 답하지 않으면 답답함을 견딜 수 없었다. 질문과 답을 숫자를 매겨가며 노트에 적었고 나열된 답들은 과연 내가 할 수 있는 것인가에 대해서도 고민했다. 나이를 먹고 돈과 시간의 여유가 있어도 진로에 대해 이렇다 할 결론을 내기 힘든데 청소년들은 오죽할까. 청소년들에게 "꿈을 가져라, 책을 많이 읽어라." 하는 말은 결코 쉽게 던질 간단한 문제가 아니다. 단 한 번도 진지하게 자신의 꿈과 삶에 대해 고민하지 않은 어른이라면 더욱 그렇다.

어떤 일을 하고 싶은가

대학 졸업 후 공공근로 단기 알바부터 시작해 계약직을 거쳐 정규직까지 쉰 적 없이 일했다. 자본주의 사회를 살아가는 이상 내 가족이 먹고 사는 데 지장이 없을 정도의 경제력은 갖춰야 한다는 것이 나의 신조이다. 이 지긋지긋한 회사에서 벗어나 퇴사든 이직이든 뭐라도 하려면 월급만큼의 소득을 만들 능력을 갖춰야 했다. 그러나 딱히 방법은 없다. 아무리 찾아봐도 나를 받아줄 곳은 없었고 무엇보다 만져지지 않는 '비전'을 앞세워 현재의 조건보다 더 좋지 않은 곳을 선택할 만큼 확고한 신념이 없었다. 그렇게 세월만 보낸 것이 몇 년째.

일요일 아침 여느 때와 같이 책을 뒤적거리다 우연히 여성 작가가 쓴 기억도 가물가물한 경매 책을 읽게 되었다. 가난한 집안 사정을 극복하기 위해 못난이 값싼 부동산을 경매로 하나 둘 취득하여 시세 차익을 얻어 부자가 되었고 그 과정에서 전 소유자와의 실랑이를 법률 공부를 통해 해결했다는 흔하디흔한 내용이었다. 담보 대출 하나 없이 투자의 'ㅌ' 자도 몰랐던 나는 특별할 것 없는 그 책 하나로 완전히 다른 세상을 맛보았다. 가슴에서 뜨거운 무엇이 올라왔다. 내 생에 손꼽히는 큰 사건이었다. 매달 적금, 연금, 저축만 착실히 모아 왔던 나에게 어느 누구에게도 들어보지 못한 충격적인 세상이 있었던 것이다.

돈 되는 책 읽기

그때부터인 듯하다. 직장생활 외 다른 방법으로도 먹고살 수 있다는 희망을 보았다. 아파트, 지분, NPL, 상가, 토지, 부자가 되기 위한 마인드 등 경제와 경영, 부동산, 돈 되는 책을 마구잡이로 읽기 시작했다. 처음에는 돈을 버는 방법을 찾기 위한 독서였는데 책을 쓴 저자들을 보니 하나같이 시간을 허투루 보내지 않고 계획된 루틴에 의해 오늘을 성실히 살아가는, 배울 점이 많은 사람들이었다. 살아지는 대로 살아가는 무기력에 빠진 나와 너무 다른 삶이었다. 직접 저자를 만나기 위해 강의를 들으며 구체적인 방법을 찾아다녔다.

읽은 책이 쌓이고 쌓이니 내가 무엇을 원하는지 구체적으로 그려졌다.

직장을 다니지 않아도 괜찮을 만큼의 현금 흐름과, 권태로움을 잊을 수 있는 가슴 뛰는 삶. 이 2가지를 절실히 원한다는 것을 알았다. 『생각의 비밀』(김승호), 『그대 스스로를 고용하라』(구본형)의 책으로 부자 마인드를 머리와 가슴에 새겼고 『나는 오늘도 경제적 자유를 꿈꾼다』(청울림), 『재테크 불변의 법칙』(아기곰), 『엑시트』(송사무장)의 재테크 고수들의 책을 보며 월세를 한 푼씩 늘려갔다. 2년여 동안 수백 권의 부동산 투자 관련 책과 자기 계발 책에 심취했다. 5년이 지난 지금은 하도 많이 읽은 탓인지 내용도 비슷비슷하고 자기 계발서의 논리적 허점이 많다는 것을 알게 되었지만 죽은 것과 다름없는 심장에 불을 지피는 데 큰 도움을 받은 건 사실이다.

원하는 것을 그리게 되다

책을 통해 뚜렷한 목표를 세웠다 한들 결과가 '뚝딱' 하고 나오지 않는다. 현실과 이상 사이의 갭이 한동안 지속되어 불안하고 힘들다. 그렇지만 어떤 목표도 좌절과 방해를 겪지 않고 이루어지는 법은 없다. 흔들리거나 포기하고 싶을 때마다 원하는 것을 되묻고 그 길을 먼저 가봤던 여러 저자들의 이야기를 들으며 이해도 하고 방황도 하다가 나에게 맞는 것들을 찾으면 된다. 변곡점을 겪으며 목표는 조금씩 수정되기 마련이다. 서서히 기준이 만들어진다고 할까.

지금의 목표는 안정적 자산의 업그레이드와 더 많이 읽고 더 잘 쓰는 삶이다. 가장 상위 목표는 수익이 많아질수록 내 시간이 늘어나 하고 싶은 일은 늘이되 하기 싫은 일은 줄이는 것이다. 생각대로 살지 않으면 사는 대로 생각하게 된다더니 목표를 조금씩 수정하면서 나아갔더니 더디긴 해도 정말 생각한 방향으로 가고 있다. 열심히 생활하고 빈틈없이 노력함에도 뭔가 채워지지 않는다고 느낀다면 자신을 돌아보고 그 방향이 맞는지 확인한 후 하나씩 실행해보기 바란다. 실패하더라도 얻는 것이 있고 언제가 될지 몰라도 답은 분명히 구체화된다. 내가 무엇을 진정으로 원하는지는 꾸준한 시도 속에서 진짜인지와 가짜인지가 판가름 날 것이다.

정체성을 가지고 나답게 살기

살면서 누릴 수 있는 최고의 특권은 진정한 자신이 되는 것이다.

– 칼 구스타프 융 –

머피의 법칙이 작동되었는지 아침부터 일이 풀리지 않는다. 하필 출근해야 할 긴박한 시간에 배가 아파왔다. 화장실에 갈 여유가 없어 생리적 욕구마저 꾹꾹 눌러야 하는 현실이 싫었다. 지난밤에 먹은 매운 음식이 원인인 걸 알면서도 누구 탓이라도 하지 않으면 스스로 비참해지고 만다. 생각이 많았다. 나는 왜 이 일을 하고 있는지, 내 일은 어떤 가치가 있는지, 항상 웃고 있는 청소 담당 여사님과 늘 찡그리고 있는 나는 무엇이 다른지, 이런 잡생각들은 애초부터 잘못된 것인지, 그럼에도 똑같은 질문은 왜 자꾸 되풀이되는지.

『멈추면 비로소 보이는 것들』을 읽으며 생각을 멈추고 주변을 살폈다. 『미움 받을 용기』를 읽으며 타인에게 잘 보이려고 애쓰지 말자 다독였다. 『하마터면 열심히 살 뻔했다』를 읽으며 삽화에 피식 웃고 내용에 크게 공감하며 내가 원하는 삶을 살아도 굶어죽지 않겠다는 용기가 조금씩 자리 잡게 되었다. 지금 생각해보니 자꾸만 끌리는 책들이 정체성을 찾기 위한 과정이었나 싶다. 정체성의 사전적 의미는 '변하지 아니하는 존재의 본질을 깨닫는 성질. 또는 그 성질을 가진 독립적 존재. 영어로는 Identity. 자신의 존재를 규명하는 일'이라 한다. 말도 뜻도 정확히 와닿지 않는다. 중요한 것은 맞는데 그래서 무엇에 쓰이는 물건인가.

정체성이란 무엇인가?

심리학자 박선웅은 『정체성의 심리학』에서 정체성이란 "자신에게 중요한 것이 무엇이고 자신에게 의미 있는 일이 무엇인지를 이해하는 것"이라 말한다. 무엇을 추구하고 어떤 것에 가치를 두는지를 의미하며 이것은 삶의 방향을 선택하는 기준이 된다. 그렇다고 정체성이 꼭 직업에 관한 것일 필요는 없다. 지키고자 하는 삶의 원칙일 수도 있고, 추구하고 싶은 가치일 수도 있다.

회식이나 처음 모이는 자리에서 자신을 소개해야 할 때 대부분 "○○

부 과장으로 일하고 있는 ㅇㅇㅇ입니다." 또는 "ㅇ학년, ㅇ학년 아이 둘
을 키우고 있는 ㅇㅇㅇ입니다."라고 말한다. 사적 모임에서 나누는 대화
의 주요 내용은 우리 남편이, 옆집 여자가, 우리 아이가, 연예인 ㅇㅇㅇ
이, 어떻다는 이야기가 주를 이룬다. 우리는 누구의 부모이자 자식이고
남편이자 직장 동료라는 다양한 정체성을 가지고 있기에 그럴 수 있으나
정작 그 안에 '나'는 없다는 사실을 인식하지 못한다.

심리학자 제임스 마샤는 정체성의 상태를 탐색과 신념의 여부에 따라
4가지로 구분했다. 이 4가지는 획득, 유예, 폐쇄, 혼미인데 2007년 실시
된 한국인의 자아 정체성 연구는 한국인의 74.4%가 폐쇄 지위에 속하는
것으로 나타났다. 이는 한국인들이 중요한 결정을 하는 데 있어 다른 가
능성에 대해 도전하지 않으려는 경향을 의미한다. 또한 부모님이나 선생
님 등 주변 사람의 영향으로 자신이 어떤 사람이라는 신념을 가진 상태
라고 해석한다. 나를 이야기하기 전에 주변인을 내세우는 것은 어쩌면
당연한 결과인지도 모른다.

정체성은 '나답게'의 표현이다

그러나 지금은 예전과 달리 정체성이라는 화두에 대해 진지한 고민이
시작되었음을 알 수 있다. 출판계의 불황에도 불구하고 무려 200쇄를 훌

쩍 넘기며 최장기 스테디셀러를 기록한 김수현의 『나는 나로 살기로 했다』를 비롯해 '나답게'를 외치는 수많은 책들이 꾸준히 출판되고 사랑받고 있다. 정체성의 획득 상태를 요구하는 목소리가 커지고 있다는 것이다. 한 번쯤은 이렇게 살아보고 싶었다고 흘려 말했던 경험이 있을 것이다. 지금까지 사회나 부모가 정해준 인생 매뉴얼을 따르며 살아왔다면 이제라도 오직 나만 할 수 있는 이야기를 만들어보자. 내가 정한 방향을 향해 가는 동안 고난과 갈등이 있어도 올 것이 왔다 생각하고 기꺼이 받아들이는 용기를 내보자.

매울 수도, 짤 수도, 싱거울 수도, 달 수도 있는 인생의 맛을 내 입맛에 맞게 가장 맛있게 요리한 후 만족스럽게 먹을 수 있는 자유로움을 생각하며 지금이야말로 인생이라는 질문에 성심성의껏 답을 찾아야 할 때이다. "오직 과거라는 당신의 데이터베이스와 실수라는 오답 노트, 그리고 내면의 나침반을 믿고 스스로 나아가야 한다. 그 고민과 위기의 순간을 지났을 때 비로소 스스로가 신뢰하고 존중할 수 있는 나다운 삶이 시작될 것이다." 스테디셀러 작가 김수현의 말처럼.

05

불안 때문에, 불안 덕분에

폭우가 그치기를 기다리지 말고 비를 맞으며 춤추는 법을 배우라.

– 비비안 그린 –

직장 다닐 때는 늘 불안했다. 집에서 쉬는 날에도, 휴가 내 여행 중에도 맘 편히 즐길 수가 없었다. 독박 육아를 할지라도 출근하는 것보다는 나았다. 이 불안의 정체는 나를 알려야 한다는 생각과 조용히 숨고 싶은 두 마음 사이에서의 갈등, 스스로 당당하지 못함, 위축, 정체성의 혼란, 결과를 위한 성과물을 만들어 내야 하는 부담감이었다. 직장을 그만둔 지금은 불안이 사라졌을까. 천만에. 다른 얼굴의 불안이 나를 마주하고 있다. 여러 가지가 있지만 밥벌이에 대한 불안이 가장 크다. 고정된 수입이 끊어졌으니 어떤 방법으로든 소득을 창출해야 하는 부담감이다.

이 두 경우는 불안이라는 같은 이름을 갖고 있지만 문제의 근원이 완전히 다르다. 지금의 불안은 내 선택에 대한 책임의 부산물이다. 근본적 원인까지 나에게 있다. 문제의 근원이 타인에게 있어 해결할 수 없는 불안은 나를 점점 갉아먹는다. 통제 영역을 벗어난 불안은 감당하기가 힘들다. '불안'이란 키워드로 예스24에 검색해 보니 국내 도서 712종이 나온다. 에세이만 77종이다. 나 말고도 불안에 힘든 사람들이 이렇게나 많나 보다. 불안에 대한 수백여 권의 다양한 관점의 책 중 내 마음을 읽어 주고 위로해 줄 책 한 권쯤 어디 없으랴. 이 정도라면 책에 답이 있다고 해도 의심할 여지가 없다. 불안의 정체를 적극적으로 마주한다면 불안은 털어 없애야 하는 것이 아니라 반드시 필요한 것일지도 모른다. 불안을 잘 다스리기만 해도 더 이상 불안이 아니다.

불안의 정체

사람들은 당장 큰일이 일어나지 않는데도 왜 이렇게 불안해할까? 사회학자 레나타 살레츨은 저서 『불안들』에서 우리 사회는 거대한 자본주의 시스템 안에서 불안이라는 감정을 이용해 불안을 부추기고 있다고 말한다. 그는 불안에 대해 우리가 꼭 제기해야 할 질문들을 던진다. '불안은 권위가 부재하기 때문인가, 너무 많기 때문인가? 미디어는 불안을 보도하는가, 만들어 내는가? 약은 불안의 치료제인가, 원인인가? 진정한 내 모습을 찾지 못해 불안한 것인가, 아니면 다른 사람처럼 되지 못해 불안한 것인가? 불안은 정말로 행복을 가로막는 궁극의 장애물인가?' 불안이라는 정체를 들여다보니 단순히 개인의 문제라기보다 어쩌면 사회 시스템이 의도적으로 만들어 내는 것은 아닌지, 개인은 사회에 이용당하고 있는 것은 아닌지 생각이 깊어진다.

눈곱만큼도 걱정 없는 삶은 정말 좋을까? 한때 걱정과 고민이 없는 편안한 삶을 꿈꿔왔다. 이 불안에서 벗어나고만 싶었다. 하지만 이제 그런 삶을 기대하지 않는다. 불안이 없는 삶이야말로 불안한 삶이다. 낮과 밤이 함께 있어야 완벽한 하루가 되고 걱정과 불안이 있어야 온전한 삶이 이루어진다. 유달리 걱정 없이 무한 긍정적인 사람이 있다. 예전엔 부러웠지만 그들의 어제와 오늘과 내일이 항상 같다는 것을 알고 난 후 더 이상 부러워하지 않는다. 마음이 조금 불편하더라도 어제보다 나은 오늘을 사는 것이 더 좋지 않은가. 나는 그렇다.

불안과 함께하는 편안한 삶

불안 때문에 직장을 그만두었지만 불안 덕분에 삶이 풍성해졌다. 불안은 나를 바짝 긴장시켜 몸과 정신을 움직이게 한다. 불안 덕분에 배우고 도전하여 실천해 보고 더 나아지려고 애쓰는 것을 보면 불안은 꽤나 쓸모 있는 감정이다. 삶의 원동력이고 함께 가야 할 인생의 동반자이다. 가끔 마음이 약해진 틈을 타 강하게 지배하려 들면 긍정적인 생각과 다짐으로 살짝 눌러줘야 할 타이밍임을 알아차린다. 큰 결정에 앞서 주저하지 말고 마음을 단단히 먹으라는 신호로 받아들인다.

불안함으로 하루를 채우기에는 내 시간이 너무 아깝다. 주중이 있어 주말의 소중함을 알 듯 불안함이 있어 일상의 편안함이 더 애틋하다. 작지만 안정된 월급, 가족들과의 저녁 식사, 반나절 바다 여행, 저녁 산책, 어느 것 하나 즐겁지 않을 수 없다. 화려한 해외여행보다 동네 작은 카페에서 커피 한잔에 책 한 권, 또는 노트북 하나면 그 순간 불안은 내 안에 들어올 틈조차 없다. 일상의 작은 행복은 불안이 가져다준 가장 큰 선물이다.

제2장

책을 읽는다는 것

01

무서운 권태, 감정을 숨기지 마

세상에서 가장 무서운 것은 가난도 걱정도 병도 아니다. 그것은 생에 대한 권태다.

– 니콜로 마키아벨리 –

2003년 지역의 1기 사서 교사가 되었다. 초등학교로 발령받았는데 학교에서는 나의 직종을 낯설어했다. 선배 하나 없이 당황하기는 나도 마찬가지였다. 초등학교는 교원 모두 교대 출신이라 학연의 끈끈함이 대단하다. 출신 학교끼리 체육대회, 각종 모임으로 사기를 드높이는 일이 흔했다(현재는 공식적 모임은 없어졌다). 일반 대학 출신인 나는 비교과 교사로 상대적 박탈감이 컸지만 슬기로운 직장생활을 위해 알아서 잘 끼어들었다. 누군가에 의한 챙김은 아예 바라지 않았고 내 자리는 스스로 챙겼다. 간혹 집단에서 홀로 빠지는 경우에는 담당자에게 서운함을 담은 우스개 농담을 던지며 괜히 쿨한 척했다. 10년이 지나가니 그런 노력들도 허무하고 귀찮았다. 무엇보다 에너지 소비가 많아 자발적 왕따를 선택했다. 오히려 편했다.

관리자는 나에게 거는 기대가 컸다. 나 또한 무척 잘해내고 싶었다. 시키는 사람은 없었지만 주말과 야간 독서 프로그램을 만들었고 좀 더 전문가로 거듭나기 위해 퇴근 후 독서나 논술, 동화 구연 등의 수업을 듣고 관련 자격증을 취득했다. 학년별 독서 수업 지도안을 만들어내는 것은 쉽지 않은 과정이었다. '가만히 앉아서 책 많이 읽을 수 있어서 좋겠다'는 무지에서 나오는 막말을 듣지 않기 위해 일부러 문서를 생산했다. 해를 거듭하다보니 힘에 부치는 순간이 왔다. 열정을 쏟아 부으면 당연한 것이고 기본에 충실하면 게으른 것이 되는 힘겨운 자리였다. 노력 여하에 상관없이 언제나 평가는 최하 수준이었다. 그도 당연한 것이 평가 기준 중 수업시수에 가장 큰 점수가 부여되는 상황에서 수업시수가 적은 비교과 교사들은 그 어떤 것을 잘하더라도 높은 점수를 받을 수 없도록 구조화되어 있다(현재 평가 기준이 달라졌다.) 나는 여우들만 사는 집에 초대된 유일한 두루미였다.

이런 사소한 일들이 쌓이고 쌓였을까. 일에 의미를 찾지 못했다. 대부분의 직장인이 그렇듯 허한 마음을 여행으로 달랬다. 방학 중 가족들과 사이판으로 떠났다. 밤하늘의 깨알 같은 별을 보고 감탄하는 아이들 사이에서 동조하는 시늉만 냈다. 같이 갔던 지인은 평생에 못 잊을 광경을 봤다며 감탄을 연발했다. 이게 그렇게 감동적인 순간인가…. 내 눈엔 까만 하늘에 별이 촘촘히 떠 있을 뿐이었다. 어떤 것도 느끼지 못했고 행복하지 않았다. 직장의 무게는 일상을 장악해 매 순간 가슴속 큰 돌덩이를 안겨 주었다. 그렇게 무거운 내 삶은 한 해, 두 해 별일 없는 듯 흘러갔다.

〈서울 체크인〉이라는 예능 프로에서 가수 이효리가 하는 말에 크게 공감했다. "사람이 제일 허한 게 자기 역할이 없어졌을 때잖아. 우리가 무조건 누구한테 잘해주기만 하는 게 아니라 그 삶이 '나도 도움이 되는구나! 라고 느끼게 해주는 게 중요한 것 같아." 시어머니가 반찬을 많이 해주시는데 사실은 사 먹어도 되고 어머니 힘드신데 "보내지 마세요" 하고 싶지만 그렇게 하지 않는다고 한다. 나는 조직에서 도움이 되는 사람이고 싶었는데 잘 안됐었다. 존재를 알리기 위해 끊임없이 긴장하고 눈치 보는 과거의 내가 참 안쓰럽다. 남이 인정해주지 않아도 스스로 꼭 필요한 사람이 되고자 발버둥쳤지만 어느 해 힘이 센 누군가에 의해 다시 원점으로 돌아가자 나도 힘을 잃었다.

더 이상 애쓰지 않았고, 스스로 투명 인간이 되었고, 감정을 싣지 않았다. 그래야 버틸 수 있었다. 감정을 버리는 매일의 행위는 어느새 습관이 되어 무엇을 봐도 느끼지 못하는 상태가 되었다. 독단적으로 보일 법한 이러한 행동은 상사의 눈에 어긋나게 비치어 나에 대한 부정적 말들이 다양한 경로로 들려왔다. 극심한 권태가 일상이 되었다. 나를 찾고 싶었다. 내가 주인인 삶을 살고 싶었다. 무엇보다 우리 아이들에게 권태에 사로잡혀 눈에 빛을 잃은 채 살아가는 태도가 부끄러웠고 배울까 두려웠으며 물려주고 싶지 않았다.

권태로움은 직장에서뿐만 아니라 생활 전반을 장악하여 나를 포기한 채 심한 우울증으로 바뀔 수 있다. 직장에서 감정 소모로 힘든 이가 있다면 그 감정이 내 삶까지 지배하지 않도록 드러내어 보살펴야 한다. 숨기고 누르기만 하면 결국 어떤 계기로 인해 터진다. 순간 잘못된 선택을 할 가능성이 높다. 누구 하나 편하게 말할 상대가 없을 것이다. 어렵게 말을 꺼낸다 한들 그만큼 가지고서 뭘 더 가지려 하느냐고 세상 가장 욕심쟁이로 전락할지도 모른다. 사람들은 그들만의 고정된 잣대로 판단하기에 나에게 더 큰 상처를 주는 경우도 있다. 타인의 고민 없이 내뱉는 말에 상처받지 말고 비슷한 환경에서 비슷한 과정을 겪은 여러 저자를 찾는 것이 훨씬 큰 도움이 된다.

김형경의 『만 가지 행동』을 읽으며 타인과 나의 심리 상태에 따른 행동을 이해하려 애썼다. 법륜스님의 『즉문즉설』, 『인생수업』, 그리고 스님의 특강을 들으며 스스로 위로하고 참아도 보았다. 신자는 아니지만 모든 종교를 수용하는 법륜스님의 말씀이 좋았다. '퇴사'나 '사회생활' 관련 책을 보며 정면으로 맞서는 방법을 취하기도 했다. 책이 없었다면 내 마음을 살펴보지도 못했고 힘겨운 터널을 빠져나오지도 못했을 것이다.

권태는 감정을 갉아먹는 좀벌레 같은 것이다. 미국의 작가 홀랜드는 "나태는 살아 있는 사람의 무덤이다."라는 말을 남겼다. 살아 있지만 죽은 것 같은 삶은 스스로를 파괴한다. 그러나 지나고 보니 고통도 삶의 일부이며 그러한 시간을 겪었기에 더 혼란스러운 감정도 조절할 수 있는 힘이 길러졌다. 과거의 '부정'이 지금의 '긍정' 에너지원이 되어 생각지 못한 삶을 사는 것을 보면 그렇다. 권태를 오랫동안 방치하면 삶이 메말라진다. 내가 느끼는 좋음과 싫은 감정들을 숨기지 않고 잘 다루어 점점 편안한 자신이 되길 바란다. 충분히 그렇게 할 수 있다.

02

나에 대한 호기심이 필요할 때

호기심이야말로 인간을 인간이게 하는 특징이 있다.

- 아리스토텔레스 -

첫아이가 아장아장 걸을 무렵 유독 발등에 아토피가 심했다. 붉어진 피부에 자극을 줄이기 위해 등을 덮지 않는 하얀 고무신을 신겼다. 어른 손바닥보다 작은 고무신을 신고 뒤뚱뒤뚱 걷는 모습이 어지간히 귀여웠나 보다. 지나가던 중년 여성들이 엄마 미소를 지으며 '예쁘다'는 말을 연발한 것을 보면. 한날은 시장 모퉁이 과일 가게 앞이었는데 아이의 혀 짧은 물음이 끝도 없이 쏟아졌다. 이건 뭐야? 저건 뭐야? 이건 무슨 색이야? 저건 무슨 색이야? 왜? 왜? 알록달록 줄지어 있는 과일이 제 눈엔 신기했던 모양이다.

질문은 관심의 표현이다. 처음 연애할 때 상대에게 얼마나 많은 질문을 던졌던가. 모든 신경 세포를 곤두세우고 집중하여 물어보고 살펴봤을 것이다. 기분이 어떤지, 어떤 생각을 하고 있는지, 어떤 음식을 좋아하고 싫어하는지, 질문으로 상대에게 정성껏 진심을 전한다. 그랬던 우리는 언제부턴가 그 대상이 누구든 질문을 하지 않는다. 아마도 짜인 인생 경로에 맞춰 사느라 여유가 없었을 것이다. 가끔 질문을 던졌으나 당장 해야만 하는 생활의 늪에서 빠져 나오기 힘들어 질문을 거두었을 것이다.

나 또한 직장에 다니고 돈을 벌기 시작하면서 그제야 주변을 돌아보게 되었다. 반복되는 일상에서 문득 나는 어디까지 왔으며 어디를 향해 달려가고 있는지 물음표를 던지기 시작했다. 자문자답으로 나에 대한 관심을 표출했다. 다른 사람이 아닌 나에게 건네는 질문임에도 선뜻 답이 나오지 않는다. 뾰족한 답이 없는 질문이 반복될수록 거추장스럽고 부질없었다. 무엇보다 마음이 불편했다. 신경 쓰이는 것이 귀찮아 답하기를 멈추었다. 편하고 싶었다. '사는 게 별것 있나, 이 정도면 됐지, 더 바라면 욕심이지.', '나도 모르겠다.', '그냥 이렇게 사는 것이 모두가 편하다.', '맛있는 거나 먹자, 올 여름엔 동남아로 가서 바람이나 쐬고 오자.'라며 외면했다. 자연스럽게 올라오는 내면의 목소리를 일부러 깊은 곳으로 가라앉혔다.

억지로 눌러둔 질문은 지치고 우울할 때면 반드시 다시 올라온다. 나와 직면하는 것이 쉽지 않지만 나만이 해결할 수 있는 문제이고 해결해야만 행복에 가까이 갈 수 있다. 질문에 답하기가 귀찮고 불편할 때면 지금 좋아하는 일과 하고 싶은 일을 적어본다. 또 나를 불안하게 하는 것들도 적는다. 거창할 필요는 없다. 10만 원으로 대형 마트 카트기에 먹을거리를 가득 채웠을 때, 카페에서 프라푸치노를 마시며 책을 읽을 때, 열정적인 사람과 대화 나눌 때 나는 채워지는 행복을 느낀다. 반면 새로운 일을 시작할 때, 그 일에 자금이 많이 투입될 때 불안함을 느낀다. 그때는 행복과 불안을 즐기고 조절할 줄 아는 저자의 이야기를 읽으며 위로 받고 용기를 얻는다. 독서를 통해 다양한 사람과 나누는 관심 어린 대화는 행복이 특별한 것이 아님을 알게 된다.

책은 나의 질문 리스트에 힌트가 담긴 내용 위주로 선택한다. 먼저 온라인으로 1차 검색 후 제목이나 목차를 보고 답이 될 만한 책인지 확인한 다음, 등장인물들의 다양한 경험과 깊이 있는 의견을 내 생각과 견주어 본다. 다행히도 나의 질문과 고민들은 삶을 앞서간 여러 인생 선배들의 이야기 속에 무수히 존재한다. 눈길이 멈추는 책을 여러 권 뒤적이다 보면 심장 박동이 빨라지고 동공이 바빠지는 코드가 맞는 책들을 발견할 수 있다. 즉시 책을 빌리거나 눈길이 멈춘 페이지의 사진을 찍어 저장 후 다시 곱씹는다. 그 안에서 답을 찾지 못하더라도 괜찮다. 타인의 이야기 속에서 마음에 꽂히는 단어와 문장을 모으다 보면 내 생각이 변화되고 단단해진다. '할 수 있겠어?'에서 '할 수 있겠다!'로 바뀌면 성장하는 독서가 된다.

결혼 전 상대에게 던졌던 질문 그대로 나에게 던져보자. 그 질문들이 바로 내가 가치 있다고 생각하는 것들이다. "부모님께 용돈을 꼭 드려야 하나요? 맞벌이 어떠세요? 취미가 뭐예요? 저축은 얼마나 하세요? 독서 좋아하세요? 어떤 책을 주로 읽나요? 어떨 때 뿌듯하세요? 하루 중 가장 기분 좋을 때는요?" 기억이 가물가물하지만 이런 질문들을 했던 것 같다. 질문에 스스로 답해보며 정작 나는 이러한 나와 결혼할 수 있을지, 이러한 내가 마음에 드는지 생각해 보자. 『세바시 인생질문 1~3』은 '한국형 TED'라는 별칭이 붙은 '강연 콘텐츠'를 책으로 엮은 것이다. 세상을 살아가는 데에 가장 기본이자, 중요한 질문들이 담겨 있으니 어떤 질문을 던질지 모르겠다면 참고해도 좋다. 당신을 가슴 뛰게 하는 것은 무엇이며 당신을 두렵게 하는 것은 무엇인지를 알아보는 데 도움이 될 것이다.

나이가 들어도 자신에 대해 혹은 타인에 대해 물음표를 던지고 호기심을 표출하는 삶은 행복하다. 어린아이가 끊임없이 '왜'라고 물으며 세상에 관심을 보이는 것처럼 내 안의 울림을 물음을 통해 포착하는 연습이 필요하다. 나이와 환경을 핑계 삼아 애써 감추지 말았으면 한다. 그것은 나를 돌보지 않는 게으름과 나태함의 결과일 뿐이다. 울림의 찰나를 꼭 붙들어 메모장에 적어두고 답이 될 만한 삶의 지혜가 담긴 글들을 수집하자. 그렇게 '나'에서부터 시작된 독서는 많이 읽지 않아도 매일 읽게 된다. 목마를 때 물을 찾는 것처럼 너무나도 자연스럽게 말이다.

03

공무원, 퇴직 후 삶이 가장 위태로운 직장

확실하게 실패하는 유일한 방법은 위험을 무릅쓰지 않는 것이다.

- 마크 저커버그 -

미래학자 마틴 포드는 미래에는 로봇이 경제 주요 구성원이 될 것이라며 대규모 일자리 소멸은 피할 수 없다고 했다. 주변을 보더라도 재택근무가 일상화되었고 줌을 통한 회의가 익숙해졌다. 키오스크 사용법을 모르면 커피 한잔 주문하는 것도 힘든 세상이다. 선망의 직업이었던 항공사 종사자들이 시대의 변화에 따라 대거 은퇴했다. 지금의 직업이 좋다고 언제까지나 좋을 수 없다는 것을 알게 됐다. 준비하지 않으면 어느 날 갑자기 나의 일자리가 사라지게 될지도 모른다. 공무원의 철밥통도 언제 어떤 모양으로 찌그러질지 모를 일이다.

나의 주변에는 대기업, 공무원, 중소기업, 사업가 등 다양한 직업군이 있다. 솔직히 말하자면 이들 중 대기업 종사자와 공무원이 가장 무사태평하다. 6급 팀장급 이상 공무원 중 일부는 직장을 벗어난 곳에서도 권위적인 말투와 행동이 고스란히 배어 나온다. 평생 그 직위에서 누구에게나 대접받을 수 있을 거라 믿는 그들의 좁은 생각과 무례한 행동이 안타깝다. 일반 사원은 척박한 근무 환경에서도 어떻게든 최대한 몸을 사리며 무슨 일이 있어도 끝까지 버텨내어 정년까지 채우겠다는 생각이 깊이 박혀 있다.

얼마 전 만났던 50대 지인은 H 그룹에 근무하다 2020년 코로나 발발과 함께 퇴직했다. 지금은 다양한 일을 배우며 도전하고 있지만 받아들이는 속도와 감각의 한계를 무척 아쉬워한다. 차라리 30대에 회사를 나와 더 큰 경험을 했더라면 50대인 지금 훨씬 만족하는 삶을 살지 않았을까 하는 생각을 한다고 했다. 대기업이라는 타이틀을 앞세워 으스댔고 그 곳이 좁은 새장 안이었던 것도 모른 채 온 세상인 양, 날갯짓하던 자신을 한탄했다. 은퇴 나이는 스스로 정해야 한다는 말을 실감하는 요즘이다.

편함은 결코 편하지 않다

인간의 본능은 편안한 안락함을 추구한다. 격렬하게 아무것도 안 하고 싶다. 직장에서 최대한 눈에 띄지 않게 조용히 있길 원한다. 나서서 일한 만큼 책임 소재가 돌아오니 숨죽여 지내는 것을 두고 누구를 탓할 수도 없다. 5일간의 눈칫밥과 갑갑함은 주말 골프 모임이나 음주로 조금이나마 해소할 것이다. 가족들과 핫 플레이스에서 보낸 행복한 모습을 SNS에 공유하며 나를 위한 삶을 살고 있음을 스스로 증명하며 위안 삼을 것이다. 그리고 지금의 누리는 생활이 언제까지나 계속될 것이라 생각할 것이다.

한국고용정보원이 공개한 '2019 한국의 직업 정보' 조사 결과를 보면 직업인 1만 7,143명 중 44.7%가 '10년 후 자신의 일자리는 감소할 것'이라고 응답했다. 10년 후 자신의 직업 변화를 생각해보았는가. 퇴사 후에 받는 연금이나 퇴직금이 나를 보호해줄 것이라 어렴풋이 믿고 있는 것은 아닌가. 막연하게나마 그렇게 생각했다면 위험한 발상이다. 통계청 자료에 의하면 2020년 한국인의 기대수명이 83.5세로 OECD 32개국 가운데 2위를 차지했다. 현재 60세의 경우, 20~30년은 더 산다는 말이다. 나와 우리 가족의 미래를 위해 제2의 인생 준비를 해놓아야 한다.

끝까지 배우는 자세

가장 쉬운 방법은 배우는 것을 멈추지 않는 것이다. 명강사 김미경은

50이 넘은 나이임에도 매일 아침 영어 공부를 하고 있다. 영어로 강의를 하기 위해서이다. 이미 미국의 대학 강단에서 강의에 도전했으며 그녀의 영어 실력에 앞서 얼마나 치열하게 자신을 이겨냈을지 존경스러울 따름이다. 배우고 익힌 과정과 결과는 향후 10년 동안 자신의 콘텐츠가 되어 삶에 고스란히 축적될 뿐 아니라 돈도 벌어다줄 것이다. 배움에는 나이가 없다는 것을 몸소 실천하여 깨우쳐주신 분이다. 마음만 있다면 돈 들이지 않고도 배울 수 있는 방법은 무수히 많다.

지금 하고 있는 업무가 가장 잘하는 일일 확률이 높다. 반복되는 일이지만 어제와 다른 시선으로 관심 있게 바라보고 깊이 파면 다르게 보이기도 한다. 몸으로 체득한 노하우를 다듬고 관리하지 않으면 썩어버려야하는 음식과도 같다. 쓸모 있는 전문 지식으로 만드는 것은 각자의 몫이다. 하기 싫은 일을 억지로 하고 있는 상황이라면 무기력으로 연결되지 않도록 발버둥이라도 쳐 보자. 그렇게라도 헤엄쳐 나오지 않으면 체념의 늪으로 점점 가라앉아 어느 순간 '나'라는 존재는 사라지고 만다.

위험은 그것이 위험이라는 것을 모를 때 가장 위험하다. 안정된 직장에서 매달 제 날짜에 입금되는 월급으로 편안한 생활을 누릴 수 있지만 10년 후에도 그럴 수 있을지는 생각해 볼 문제이다. 당장의 달콤함 대신 미래의 쓴맛이 기다리고 있다는 사실을 잊지 말자. 김미경의 말처럼 배우고 도전한 만큼 새로운 나로 거듭나게 되는지 직접 확인해보고 싶지 않은가. 목표는 억만장자가 아니라 어제보다 한 뼘 성장한다면 그걸로 충분하다.

04

사고하지 않는 삶

우리는 독서를 통해서 '생각'하고 비로소 '존재'한다.

- 르네 데카르트 -

눈을 뜨자마자 정수기에 50미리 컵을 올리고 온수 버튼을 누른다. 물이 내려오는 동안 디지털 체중계에 올라가 몸무게를 체크한다. 온갖 지수가 측정되어 내 몸 상태를 확인할 수 있다. 부엌으로 나와 어젯밤 미처 치우지 못해 쌓여 있는 그릇을 식기세척기에 넣는다. 빨래거리가 있으면 세탁기에 넣고 1시간 40분 후 건조기로 옮긴다. 건조기가 열일하는 동안 로봇청소기를 돌린다. 책상에 앉아 한숨 돌리다 보면 집 안 가득 기계 작동하는 소리만 들린다. 핸드폰을 열어 20km 떨어져 있는 매장의 에어컨을 실내 24도의 적정 모드로 설정한다. 아들이 머리 깎은 비용을 통장으로 붙여달라고 해서 만 원을 인터넷뱅킹으로 이체했다. 우리는 어느덧 기계와 한 몸처럼 살아가고 있다.

문명의 발달은 생활의 편리함을 주는 대신 생각의 기회를 앗아가기도 한다. 내비게이션 사용으로 스스로 길을 찾을 필요가 없다. 가족의 전화 번호를 기억하지 못한다. 알고리즘은 지난 기록을 추적해 좋아할 만한 영상을 자동 생성하여 친절하게 눈앞에 보여준다. 우리는 던져 주는 대로 받아먹고 감동하고 즐거워한다. 손바닥만 한 작은 기계에 인간은 시간과 돈을 소비한다. 천천히 생각하는 인간의 고유한 능력까지 앗아가 서서히 우리의 사고를 마비시킨다.

자신과 깊은 대화 나누기

생각한다는 것은 나와 대화한다는 것이다. 생각해야 하는 이유는 선택에 있어 휘둘리지 않기 위해서이다. 소설가 김영하는 책 『말하다』에서 독서가 어떻게 자신과 대화할 수 있는지 설명한다.

"한 권의 책과 그것을 읽는 경험은 독자 개인에게만 고유한 어떤 경험으로 남습니다. 그렇다면 누구와도 나눌 수 없는 독서를 왜 할까요? 그것은, 누구와도 나눌 수 없다는 바로 그 점 때문입니다. 우리가 사는 시대는 거의 모든 것이 공개돼 있습니다. 우리의 일상, 하루하루는 시작부터 끝까지 공유되고 공개됩니다. 웹과 인터넷, 거리의 CCTV, 우리가 소비한 흔적 하나하나가 다 축적되어 빅 데이터로 남습니다. 직장은 우리의 영혼까지 요구합니다. 모든 것이 '털리는' 시대. 그러나 책으로 얻은 것들은 누구도 가져갈 수 없습니다. 다시 말해 독서는 다른 사람들과 뭔가를 공유하기 위한 게 아니라 오히려 다른 사람들과 결코 공유할 수 없는 자기만의 세계, 내면을 구축하기 위한 것입니다."

생각은 아무것도 없는 상태에서 생겨나지 않는다. 자극이 있어야 하고 자극은 사고의 전환, 변화 과정을 겪으며 행동의 변화에 도달한다. 짧은 동영상으로 자극을 받을 수 있지만 행동의 변화에 이르기는 힘들다. 간혹 생각의 전환까지 도달할 때도 있으나 그때뿐이다. 어디까지나 나의 경험이다. 독서를 통해 기존에 자리 잡고 있는 내 생각과 저자의 생각이 섞여 충돌이 일어날 때 사고하게 된다. "이게 맞나? 내 생각이 잘못됐었나? 이렇게 생각할 수도 있구나, 이렇게 하는 게 좋겠다." 등의 과정을 말한다. 뇌를 가만히 내버려두면 작동하지 않는다.

생각이 행동을 이끌다

사고하지 않는 삶은 현실에 안주하는 삶이다. 세상은 빠르게 변하는데 나는 가만히 있으면 결국 뒤처지게 된다. 변하는 세상에 끌려가게 된다. 세상이 당신의 시간과 돈을 뺏어가는 줄도 모른 채 뺏기게 된다. 눈을 뜨는 순간부터 핸드폰을 집어 들고 눈을 감는 순간까지 핸드폰과 함께하며 거대한 시스템의 일부로 사고력을 지배당하고 있다는 사실을 깨달아야 한다. 비판적으로 생각하는 연습이 되어야 온라인에 떠도는 가짜 뉴스를 거짓으로 받아들일 수 있다.

생각은 저절로 만들어지지 않는다. 인풋이 있어야 아웃풋이 있다. 아산 정주영 회장은 특히 생각의 힘을 강조했다. "나는 어떤 일에도 결코 덮어놓고 덤벼든 적이 없다. 학식은 없지만 그 대신 남보다 더 열심히 생각하는 머리가 있고 남보다 치밀한 계산 능력이 있으며 남보다 적극적인 모험심과 용기와 신념이 나에게 있다. 어떤 일의 시작 전에 나 혼자 얼마나 열심히 생각하고 분석하고 계획하는가를 모르는 이들에게는 내가 하는 모든 일이 전부 다 무계획적이고 무모한 것으로 보였겠지만 무계획과 무모함으로 어떻게 오늘의 현대그룹이 존재할 수 있었겠는가." 사유하는 힘은 기계가 대체할 수 없는 인간만이 할 수 있는 고유한 능력이다. '타인에 대한 공감', '비틀어 생각해보기', '질문하고 대답하기'를 통해 나아질 수 있다. 그 과정에 책이 나침반 역할을 해줄 것이라 생각한다.

05

왜 책을 읽는가

책은 어떤 사람에게는 울타리가 되고 어떤 사람에게는 사다리가 된다.

– 레미 드 구르몽 –

삶이 버거울 때, 아이에 대한 내 사랑이 화살로 되돌아올 때 법륜스님의 이야기로 마음을 내려앉혔다. 부동산 투자 관련 책을 읽은 후 수익형 부동산을 사고 월세를 받아 부를 늘렸다. 퇴사한 사람들의 이야기를 읽고 용기를 얻어 퇴사했고, 평범한 사람들이 글을 쓰며 자신의 행적을 남기는 것을 보고 오늘도 이른 아침부터 글을 쓰고 있다. 가족이나 친구, 지인들은 내 꿈 앞에 하나같이 "안 된다, 늦었다. 너는 못 해, 하지 마!"라고 했지만 책은 "할 수 있다, 나도 했잖니, 너도 충분히 할 수 있어!"라고 말해 주었다. 내가 책을 읽는 이유이다. 책을 읽지 않았다면 그 누구도 나에게 이런 자극과 용기를 줄 수 없었고 나는 행동하지 않았을 것이다. 책을 읽지 않을 이유가 없다.

2021년 독서 실태 조사 결과에 따르면 성인의 연간 독서율은 47.5%로, 절반 이상은 책을 읽지 않는다. 연간 독서량은 4.5권으로 2019년 7.5권에 비해 3권이 줄었다. 이 수치가 평균값이라는 것을 놓고 보면 우리나라의 독서 계층 구조는 소수의 다독가와 다수의 책을 읽지 않는 사람들로 나뉜다. 독서 모임이나 독서 관련 플랫폼이 늘어나는 것은 책의 재미를 아는 사람만이 더 많이 읽고 활용하고 있다는 것으로 판단된다. 물질적 요소뿐만 아니라 정신적 활동에도 양극화 현상은 뚜렷이 나타난다. 또한 독서하기 어려운 가장 큰 이유로 '일 때문에 시간이 없어서'(26.5%)라고 응답했다. 재미있는 결과는 소득이 높을수록, 전문직일수록, 학력이 높을수록 독서량 또한 높다. 일 때문에 독서하기 어렵다고 하지만 전문직일수록 일에 독서를 더 많이 활용하고 있다는 것을 알 수 있다.

독서만큼 오랫동안 재미있는 것은 없다

우리나라 성인 과반수는 책을 1년에 한 권도 읽지 않는다. 공식적으로 밝혀진 이유는 '시간이 없어서'이지만 자세히 들어가보면 독서에 시간을 내어주지 않기 때문이다. 책보다 더 재미있는 것이 많고, 책이 나에게 직접적인 도움이 되지 않는다고 생각하기 때문일 것이다. 사실 나조차 더 재미있는 것이 있다면 책을 읽지 않았을 것이다. 그럼에도 사람들은 책을 읽어야 한다고 생각한다. 학자들이 강조하는 독서의 이로운 점인 사고력, 독해력, 이해 능력, 사색, 삶의 변화 등은 귀에 딱지가 앉도록 많이 들어왔다. 독서의 목적에 대해 원론적인 이유를 넘어선 좀 더 설득력 있는 설명이 필요하다. 건강에 좋으니까 무작정 먹으란다고 많이 먹어지는 것이 아니다. 독서는 억지로 할 필요도 없거니와 억지로 할 수도 없는 영역이다.

독서가 그렇게 좋다고 하는데 우리는 왜 그 이유를 알 수 없을까. 특별한 독서 스킬을 몰라서가 아니다. 이는 『지식의 단련법』에서 힌트를 얻을 수 있다. 독서는 지적 정보를 다루는 영역이다. 일본의 지(智)의 거장 다치바나 다카시는 『지식의 단련법』에서 '출력 선행형'과 '입력 선행형' 독서법에 대해 설명한다. 정보의 입력에는 2가지 종류가 있다. 첫째는 출력의 목적이 분명하여 그 목적을 만족시키기 위한 입력이 확실할 경우, 둘째는 입력을 해서 무엇을 어떻게 할지는 전혀 생각지 않고 그저 즐겁게 입력하는 경우, 이렇게 2가지다. 전자의 경우, 입력은 수단이고, 후자의 경우는 입력 그 자체가 목적이다.

나는 출력 선행형 독서를 추구한다. 지금 이 문단을 쓰기 위해『지식의 단련법』이라는 책을 읽고 있다. 목적이 분명하다. 한편, 친구 A는 니체의 책을 읽고 있다. 니체의 사상에 대해 알아갈수록 쾌감을 느끼고 삶이 풍요로워지는 것 같다고 했다. 입력 선행형 독서를 좋아하는 것이다. 입력 자체가 목적이다.

당신은 입력 지향적인가, 출력 지향적인가. 가치와 성과 중 어떤 것에 마음이 끌리는지 생각해보면 된다.『차라투스트라는 이렇게 말했다』를 읽을 때 출력 선행형인 나는 니체의 문체와 표현법을 익힐 목적을 염두에 두고 있어야 책에 재미를 느낄 수 있다. 단순히 니체가 어떤 사람인지 궁금해서 읽는 입력 위주의 독서를 한다면 지겨워서 끝까지 다 못 읽을 것이 분명하다.

사람은 저마다 자라온 환경과 습관, 가치관이 다르다. 그만큼 책을 읽는 목적 또한 다르게 접근해야 한다. 내가 원하는 방향과 다른 목적성을 가진 책을 읽는 경우 그 과정이 지겹다. 설사 읽어냈다 해도 소화가 안 되어 더부룩할 뿐이다. 옆에서 좋다고 권하니 한두 번 시도할 수 있지만 얼마 못 가 그만둘 확률이 높다. 내용의 참맛을 느끼기도 전에 말이다. 내가 어떤 목적으로 책을 집어 들었는지 먼저 파악한 후 읽기 시작하면 내용이 훨씬 크게 와닿을 것이다. 내 눈이 먼저 책 속 문장으로 빠져들 것이다. 나에게 딱 맞는 옷을 입은 듯 위풍당당해진다.

왜 책을 읽는가? 독서의 목적에 대해 원론적인 이유를 넘어선 좀 더 설득력 있는 설명을 하고자 장황한 글을 썼지만 뭔가 아쉽다. 처음으로 돌아가 왜 책을 읽는가? 다시 생각해본다. 질문을 바꿔 "왜 그 사람이 좋아요?"라고 누가 묻는다면 뭐라고 답할 것인가? "나를 알아줘서 좋다. 내가 점점 멋있어져서 좋다. 무엇보다 그냥 좋다, 그냥…." 그게 가장 큰 이유이다. 이렇게 '왜 책을 읽는가'에 대한 답을 대신할까 한다. 이보다 더 정확한 답을 찾을 수 있을지 모르겠다.

06

독서 계기 : 애서가들의 처음

나는 해리포터에 나오는 마법을 믿지 않습니다.
하지만 정말 좋은 책을 읽는다면 마법 같은 일을 경험할 수 있을 거라 확신합니다.

− 조앤 K. 롤링 −

친구 따라 오디션 보러 갔다가 8000:1의 경쟁률을 뚫고 연예인이 된 배우 고아라처럼 모든 일에는 시작하게 된 계기가 있다. 육아와 심리 책, 그림책을 주로 읽어오다가 독서에 제대로 된 '재미'를 느끼게 된 계기는 우연히 책장을 뒤지다 손에 잡힌 재테크 책과의 만남이었다. 스펀지가 물을 흡수하듯 순식간에 읽어냈다. 직장에 대한 회의감이 가득한 시기였고 마침 아이가 잠들어 있었고 마땅히 읽고 있던 책이 없었던 삼박자가 그 책을 집어 들게 했다.

『일독일행 독서법』의 저자 유근용은 우범 청소년 관리 대상에서 현재 독서 경영 컨설팅 CEO라는 새로운 삶을 살고 있다. 그는 군대에 입대해 아주 우연한 기회로 백혈병에 걸린 아들을 돌보는 아버지의 이야기가 담긴 책 한 권을 읽게 된다. 아무 생각 없이 책을 펼쳤고, 순간 신기한 일이 벌어졌다. 한 페이지를 읽으면 다음 페이지가 궁금했던 것이다. 그에게 처음 있는 일이었다. 마치 무언가에 홀린 사람처럼 책을 읽어나갔다. 당시만 해도 신병이 책을 읽는다는 것은 있을 수 없는 일이었기에 틈만 나면 화장실에 숨어서 책을 읽어냈고 그렇게 한 권의 책을 다 읽었을 때의 가슴 벅참을 잊을 수가 없다고 했다.

마술사 최현우 역시 유명한 독서광이다. 그가 슬럼프 없이 달려온 데는 역시 그의 분신 같은 책이 따라다녔다. 한 인터뷰에서 그는 말했다.

"슬럼프가 올 때마다 서점에 가서 몇십만 원어치 책을 사와서 틀어박혀 내내 책을 읽어요. 그럴 때마다 늘 책에서 답을 찾았거든요. 매년 레퍼토리가 바뀌어서 그걸 고민하다 보면 1년이 후딱 가요. 고민이 시시때때로 찾아오지만 역시 책에서 헤쳐 나가고 있어요."

이들은 모두 우연한 기회에 책을 접하게 되어 독서광에 이르렀고 그

속에서 나름의 '재미'를 찾아냈다. 꾸준한 독서를 위한 첫 번째 조건은 단연코 '재미'이다. 작가 유시민은 책은 마르지 않는 샘물이며 끝없이 물을 퍼내 마실 수 있는 제한이 없는 가치를 지녔다고 했다. 돈으로 환산하면 2~3만 원에 불과하지만 가치를 책정하기에 어림도 없는 숫자이다. 누구 하나 독점하는 이 없고 마음만 먹으면 맛볼 수 있는 독서의 달콤하고 깊은 맛은 그 즐거움을 아는 사람만 느낄 수 있다고.

뇌 과학자 정재승은 독서에 대해 몰입의 쾌감을 경험하면 누구나 책을 사랑하게 될 것이라 했다. 독서는 사고의 영역이라 매일 몇 시에 읽자는 습관을 들인다고 효과가 있는 것이 아니다. 독서는 재미를 알게 되는 순간 시키지 않아도, 노력하지 않아도 읽게 되는 뇌의 영역이다. 어릴 때 습관을 들이지 않았더라도 나이에 상관없이 충분히 즐길 수 있음을 강조한다. 독서 돌 BTS의 RM(본명 김남준)은 인스타그램에 자신의 책장을 공개하며 "책만큼 무언가를 쉽고 깊게 알아갈 수 있는 건 없는 것 같다."라는 글을 남겼다. 그는 경치가 좋은 공원이나 강가에 앉아 커피를 들고 책 읽는 것을 좋아해서 일부러 공원을 찾아다닌다고 한다.

나는 내면의 깊숙한 곳에 꼭꼭 숨어 있는 의욕의 불씨를 피워주는 책을 좋아한다. 시작은 작지만 커지면 어디까지 타오를지 가늠할 수 없다.

가슴에서 활활 타오른 불은 지금까지와 전혀 다른 '나'로 변하게 한다. 늦잠 자고 게으르고 맵고 짠 음식을 많이 먹는 나. 잔뜩 먹고 배가 불러 나른한 오후 거하게 낮잠 자는 나. 좋아하는 친구와 밤늦도록 과음한 후 다음 날 숙취로 괴로워하고 그런 자신을 증오하는 본래의 나에서 일찍 일어나 글 쓰는 나, 무섭고 두렵지만 사업을 조금씩 확장하여 도전하는 나, 돈보다 시간을 소중히 여겨 꽉 찬 하루를 보내는 나, 더 이상 살찌지 않으려고 무조건 운동하는 나로 바꿔놓았다. 시간이 지나면 불씨는 서서히 사그라지지만 책을 읽으면 다시 타오른다는 것을 알고 있으니 책을 가까이하지 않을 수 없다.

처음부터 타고난 독서가는 없다. 우연한 기회에 책을 접하게 되었고 책 속에서 '재미'를 찾아냈다. 본인을 '시 팔이'라고 소개하는 시인 하상욱의 기발하고도 유쾌한 시 「서울시」를 읽으며 시를 접하는 계기가 될 수도 있다. 안타깝게도 우리는 교육 과정 속에서 좋아하던 책도 멀리할 수밖에 없는 환경이었다. 영화평론가 이동진은 『이동진 독서법』에서 때로는 지적 허영을 위해서, '있어 보이기 위해서' 책을 읽는 것도 좋은 방법이라고 했다. 책을 사는 것, 서문만 읽는 것, 부분 부분을 찾아 읽는 것 모두 책을 읽는 것이며 자신에게 와닿는 단어나 문장을 발견하면 '재미'있는 독서를 할 수 있는 계기가 될 수 있다고 한다. 이제 스스로 계기를 만들어야 한다. 서점에 들러 수많은 책들의 목차를 훑어보며 잠들었던 독서 의욕을 깨워보는 건 어떨까. 우연한 계기로 독서의 재미에 흠뻑 빠져 말릴 수 없는 애독가의 길을 갈지도 모를 일이다.

제3장

나답게
읽기

이기적 독서법 : 오직 나를 위한 독서

우리는 세상을 이해하기 위해, 그리고 자기 자신을 이해하기 위해 책을 읽는다.

- 샤를 단치 -

코로나가 풀린 후 30년 지기 친구 K와 만났다. 동네 카페 가장 구석 자리에 앉아 2년 동안 살아온 이야기보따리를 신나게 풀었다. 이런저런 얘기를 나누던 중 자녀의 독서 문제에 대해 물어왔다. 초등학교 4학년인 아이는 사설 독서 학원에 다니며 주제별 독서를 하고 있고 이번 달의 주제는 역사란다. 아이가 쓴 독후감을 보여주는데 입이 쩍 벌어졌다. 역사 책을 읽는 것 자체도 대견한데 과제로 제출한 글이 어찌나 정성스럽던지 초등학생의 글이라고 믿기지 않았다. 책의 내용을 요약하는 수준이긴 하지만 보통의 초등학생이 쓰는 흩날린 글씨체에 '나도, 열심히 하겠다'는 다짐으로 끝나는 글과는 확연한 차이가 있었다. 글 쓰는 데 이 정도 애착을 가진 아이라면 자신이 주인공이 되어 감정을 표출할 수 있는 글을 자유롭게 쓸 수 있게끔 해주라고 조언했다. 그리고 독서에 대해 더 이상 강요하지 말라고 부탁했다. 그리고 물었다.

"넌 주로 어떤 책 읽니?"
"응, 애들 교육 책, 그런데 난 책만 보면 잠이 와."

책을 선택할 때는 이기적일 필요가 있다. 아이에게 도움 되는 책 말고 나에게 도움 되는 책을 읽으면 잠이 쉽게 오지 않을 것이다. 물론 자녀가 남이 아니니 크게 구분 지을 것까지는 없으나 자꾸 잠이 온다면 그것 또한 내 관심사가 아닌 것이다. 아이 외에 관심 가는 일이 하나도 없다면 '큰일'이다 생각하고 나를 관찰하는 것부터 시작하길 바란다. 어른이 되면서 잊고 살았지만 어릴 적 하고 싶었던 일이 분명히 있었을 것이다. 『책 한번 써 봅시다』의 저자 장강명은 "다섯 번째로 좋아하는 영화는? 이라는 질문에 대한 당신의 답이 당신의 개성이다."라고 말한다. '삶의 목적은 무엇입니까?'와 같은 거창한 질문이 아니라도 다섯 번째 영화를 찾는 과정에서 나의 가치와 인생관이 포함된다는 것이다. '다섯 번째로 좋아하는 책은?'이라는 질문과 그에 대한 답도 같은 이치로 적용된다.

과거를 돌아보면 누구나 하고 싶은 것 한 가지쯤은 있었을 것이다.

"뜨개질을 엄청 잘했는데 손재주 좋으면 팔자가 사납다는 엄마의 얘기에 그만두었어요."
"하고 싶은 것이 너무 많았는데 집안 형편이 안 좋아서 포기했어요."

엄마의 잔소리도 없어지고 형편도 좋아진 지금은 다시 시작할 수 있을까?

"하고 싶었는데…. 할 수 있었는데…. 나이 때문에…."라는 말만 되풀이하고 있지 않은가. 언제나 하지 않는 선택을 하며 자기 위안에 빠지지 말길 바란다. 그냥 안 하고 싶은 거였다. 하고 싶다는 착각 속에 나를 두어야만 어쩔 수 없이 못 하는 내가 합리화될 수 있었을 것이다.

독서만큼은 나만을 위하여

작가 샤를 단치는 『세상에서 가장 이기적인 독서를 위하여』에서 책을 읽는 것만큼 이기적인 행위는 없을 것이라 했다. 우리가 독서를 하는 진짜 이유는 책 자체를 위해서가 아니라 자기 자신을 위해서다. 좀 더 이기적으로 생각해 보고 가족의 일원이 아닌 오로지 내 생각만 해보자. 나는 무엇을 할 때 기분이 좋거나 싫은지, 딱히 좋아하는 것이 생각나지 않는다면 계속 반복해도 질리지 않는 것은 무엇인지. 당장 해결해야 할 문제는 무엇인지. 어떻게 하면 해결할 수 있을지. 문제가 전혀 없다면 당면한 문제를 모른 척하고 싶은 건 아닌지. '인생 별거 있어?'라며 말초적 재미에 스며들고 있지 않은지를 말이다. 책을 꾸준히 읽으려면 나에 대해 끊임없이 파고들어 무엇이 부족하고 무엇이 필요한지를 먼저 알아채야 한다. 그 과정에 책이 목표가 아닌 도구로 쓰일 때 의미 있는 '읽기'가 시작된다.

책을 많이 읽어 권수를 채우겠다는 목표를 세우기 전에 내가 가진 욕망을 찾겠다는 목표가 우선이다. 옆 사람이 한 달에 몇 권을 읽었고 누가 읽으니까가 아니라 내가 궁금한 책, 내 문제를 해결해줄 책, 내 마음이 흔들리는 책이어야 많이 읽을 수 있다. 그런 책은 특정 독서법을 적용할 필요도, 꼭 읽어야 할 권수를 정해 마음을 무겁게 할 필요도 없다. 내 눈이 가는 만큼, 내 마음이 받아들이는 만큼만 읽으면 된다. 나를 관찰하고 욕구를 알아가는 과정은 해보지 않았기 때문에 상당히 어색하다. 힘들어서 생각보다 오래 걸릴 것이다. 1~2년 책을 읽는다고 크게 달라지지 않을 수도 있다. 그렇다고 중간에 포기한다면 나는 누가 챙겨주겠는가.

"너를 위한 책을 읽어봐."

한창 이직을 고민하는 친구 K에게 지금 맞닿아 있는 문제와 관련 있는 책을 읽으라고 했다. 자녀 교육 책을 볼 때보다 더 집중되고 재미있어서 잠이 덜 올 거라는 말을 덧붙였다. 무의식적으로 즐길 수 있는 영상물과 달리 천천히 사유해야 하는 과정이 쉽지 않을 것이다. 하물며 남들 기준에 맞추면 독서는 세상에서 가장 재미없는 행위로 전락하고 만다. 독서에서는 나를 위하는 이기심이 필요하다. 나를 내세우고 나만 생각하고 나를 위하기를 바란다. 올해도 한 분기가 지나가고 있다. 책을 너무 읽지 않는다고 생각하거나 책이 눈에 들어오지 않는다면 나의 문제를 정면으로 들여다보지 않고 겉돌고 있는 것은 아닌지 생각해볼 일이다.

나에게 힘이 되는 책 속 한 문장을 기록해보세요.

혼자 일하며 연봉 10억 버는 사람들의 이야기

최창희/책들의정원/2020

평생직장이 사라진 요즘 적은 자본과 적은 인원으로 연 매출 10억을 올린 사람들의 노하우를 담았다. 수백억대 자산가보다 지금 시작하는 창업가나 1인 기업가들이 눈여겨볼 만한 책. 기자 출신의 저자가 10년에 걸쳐 취재 후 연구한 성공 사례를 담고 있다. 작은 기업이 어떻게 성장해가는지 위기의 시대에 살아남은 생존 전략에서 답을 찾을 수 있다. 안정적인 수입을 얻으며 돈과 시간에서 자유로운 삶을 살고 싶은 이들에게 방향을 제시해준다.

02

타깃 독서법 : 목표가 분명한 독서

읽었으되 변화가 없다면? 읽은 노력은 가상하나 그건 독서가 아니다.

– 서정현, 『읽었으면 달라져야 진짜 독서』 –

친구 B가 하소연을 한다. 자녀가 고3인데 정신을 못 차리고 방황만 한다는 것이다. 안타까운 마음에 소장하고 있던 '공부' 관련 책을 선물했다. 며칠이 지나도 잘 읽었는지 가타부타 말이 없다. 몇 년이 지나 고등학생이 된 우리 집 아이가 하도 공부를 안 하기에 공부에 도움이 되겠다 싶은 책을 사다주었다. 읽는 둥 마는 둥이다. 속으로 책 읽는 게 그렇게 어렵나 싶다.

가장 멀리에서 오신 분? 강사들의 단골 멘트다. 지방에 거주하다 보니 서울에 강의를 들으러 갈 때면 강사에게 책을 받곤 한다. 그들이 추천하는 책을 받는 경우 몇 번을 시도해도 잘 읽히지 않는다. 심사숙고해서 골랐을 텐데 나의 관심 영역 밖의 내용이다. 대부분 한 챕터를 넘기지 못한다. 선물 받은 책이 안 읽힌다는 것을 알았다. K에게 건네준 책도, 우리 집 아이에게 주었던 책도 당사자에게는 목적에 맞지 않았던 것이다. 그 이후로 책 선물을 할 때는 상대가 고르게 한다. 직접 물어보는 것이 어색하긴 해도 책을 좋아하는 사람에게는 그들이 원하는 책을 주는 것이 최고의 선물이다.

독서에서 가장 중요한 것은 '왜 이 책을 읽는가?' 하는 것이다. 독서뿐만 아니라 모든 일에 통용된다. '왜 이 일을 하는가?' 이 물음에 전제한 질문은 '어떻게 살고 싶은가'이다. '어떻게 살 것인가'에 대한 답을 찾는 과정이 책을 읽는 목적이 된다. 지금 내 인생의 타깃은 무엇인가? 그에 맞는 책을 읽는 것을 나는 '타깃 독서법'이라고 부른다. 타깃 독서법은 『읽었으면 달라져야 진짜 독서』라는 책 제목처럼 성장하고 변화시키는 독서를 추구한다. 그냥 읽고 마는 수준이 아닌 읽고 나서 삶이 변화되는 독서를 하려면 현재 내 인생의 '타깃'에 대해 깊이 생각해야 한다. 그 생각을 게을리하는 것은 내 인생을 대충 사는 것과 같다. 생각을 부지런히 했던 누군가의 삶을 살아주는 것이다.

삶의 타깃이 분명해야 나에게 더 맞는 책을 고를 수 있고 더 재미있게 볼 방법을 찾을 수 있다. 그 장르가 소설, 시, 잡지, 에세이, 칼럼 무엇이든 상관없다. 한때 목적 없이 무작정 책을 읽을 때가 있었다. 잘 알려진 책 『몽실 언니』와 아리스토텔레스의 『대화』 읽기를 시도했다. 『몽실 언니』는 70년대생인 나도 공감 요소가 거의 없었고 내 삶과 접점이 없는 『대화』는 끝내 다 읽지 못했다. 아무리 좋은 책이라 정평이 나 있어도 공감하지 못하면 나에게 좋은 책이 아니다. 밤잠 설치는 아이를 키우는 엄마라면 서울대 권장 도서 『어린왕자』를 읽는 것보다 『삐뽀 삐뽀 119』 시리즈와 같은 육아 책을 보는 것이 정확한 타깃점이 될 수 있다. 월 100만 원 더 벌고 싶은 직장인이 정확히 타게팅한 재테크 책을 읽으면 속독 방법을 알지 못하더라도 1~2일 안에 완독할 수 있다. 이런 경험이 쌓이면 배고플 때 밥을 먹듯 자연스럽게 책을 찾게 된다. 내 삶에 밀접하게 관련되어 이득을 주기 때문이다.

좋은 엄마가 되기 위해 육아서를 읽기 시작했다. '배 속에서 아기는 어떻게 자라는지, 출산할 때의 통증은 어느 정도인지, 밤에 깨서 우는 이유는 무엇인지, 언제 한글을 가르쳐야 하는지, 동생이 생겼을 때 큰아이의 충격이 크다고 하는데 어떻게 대처해야 하는지'에 대한 궁금증을 해결하기 위해 책을 읽었다. 회사를 그만두겠다는 목적을 마음에 품었을 때는 퇴사를 하려면 무엇을 준비해야 하는지, 퇴사 후 시간 관리는 어떻게 하는지, 월급을 대체할 수입은 어떻게 만드는지, 돈을 벌려면 유산을 받든지 사업을 하라는데 내가 할 수 있는 사업은 어떤 것이 있는지에 관한 책을 읽었다. 언제나 구체적 타깃을 먼저 세웠다. 몇 년이 지나 돌아보니 퇴사를 했고 사업을 시작했으며 직장인이 아닌 삶에 걸맞는 시간 관리를 하고 있다. 좋은 엄마는 되지 못했으니 다 이루어진다고 말할 수는 없지만 대부분은 생각대로 이루어졌다. 성과 정도나 여부에 따라 그에 맞는 타깃점을 상황에 맞춰 새로이 정한다. 어떤 것이 되어도 좋다. 지금 당장 내가 하고 싶은 일, 작지만 할 수 있는 일이 무엇인지 적어보자. 독서는 '한번 해 보겠다'는 생각의 변화부터가 시작점이다.

세상에 책은 무수히 많다. 그중 지금 내가 가진 타깃에 딱 맞는 책이 분명히 있다. 지금 무엇을 고민하고 있는가. 돈, 사업, 이성 친구, 직업, 성공, 야망, 행복…. 책을 꾸준히 읽으려면 나에 대해 깊숙이 파고들어 무엇이 부족하고 무엇이 필요한가를 먼저 알아야 한다. 아무리 생각해도 문제가 없는가. 『당신이 누구인지 책으로 증명하라』에서 저자 한근태는 말한다. "난 이를 너무 편한 상태, 아무 호기심이 없는 상태, 모든 게 익숙한 상태로 정의한다. 너무 익숙해 자신이 어떤 상황인지 모르는 것이다. 뇌가 잠들어 있는 상태일 수도 있다." 언제 가장 '나'다운가에 물음표를 던져 '나'의 마음이 무엇을 말하고 싶은지 정확히 조준하는 것이 롱런하는 독서가가 되는 첫 번째 단계이다.

인생 리뉴얼 독서

나에게 힘이 되는 책 속 한 문장을 기록해보세요.

읽었으면 달라져야 진짜 독서

서정현/북포스/ 2018

    많이 읽기만 하면 삶이 바뀌리라는 착각을 하며 목표 없이 읽는 사람에게 권하는 책. 어떻게 하면 읽은 후 달라질 수 있는지, 삶이 변할 수 있는지 구체적인 방법을 제시한다. 저자는 '그냥' 읽기에서 '되는' 읽기로 갈아타라고 강조한다. 여러 가지 방법 중 내가 할 수 있는 방법을 선별하여 실행해보길 권한다. 각자가 바라는 변화를 만들어가는 데 도움을 줄 것이다.

03

확장 독서법 : 꼬리에 꼬리를 무는 독서

읽었으되 변화가 없다면? 읽은 노력은 가상하나 그건 독서가 아니다.

−서정현, 『읽었으면 달라져야 진짜 독서』 −

〈싱 어게인〉이라는 예능 프로가 있다. '한 번 더' 기회가 필요한 알려지지 않은 가수들이 대중 앞에 다시 설 수 있도록 돕는 리부팅 오디션 프로그램이다. 나는 참가한 가수들보다 심사평을 하는 작사가 김이나 님에게 더 큰 감동을 받았다. 유명한 작사가인 건 알고 있었지만 사용하는 어휘에 그렇게 깊은 의미가 담겨 있을 줄이야….

어떻게 저런 표현을 하지? 지극히 평범한 일상 언어로 내면을 울리는 뜨거운 표현을 할 수 있을까? 그녀가 쓴 책은 없을까. 예상대로 있다. 굳이 도서관이나 서점에 방문하지 않더라도 '밀리의 서재'와 같은 전자책 앱을 이용해 궁금할 때 바로 읽어본다. 『보통의 언어들』은 말하고 흘려버릴 법한 단어를 소재로 살을 붙이고 스토리를 만들어 한 권의 책이 되었다.

책 속 내용 중 알긴 알겠는데 말로 표현할 수 없었던 추상적 단어에 대해 구체적으로 표현되어 있어 속이 시원해진다. 그중 단어 몇 개를 소개해보면,

"그리움이라는 건 빈 곳이 느껴진다는 것, 다시 말해 이곳이 당신으로 채워지길 바라는 마음이다."

"실망은 상대로 인해 생겨나는 감정이 아니다. 무언가를 바란, 기대를 한, 또는 속단하고 추측한 나에게서 비롯되는 것이다."

"사랑하는 마음은 나를 붕 뜨게 하기도, 한없이 추락하게 하기도 하는 역동성을 띤 반면 좋아하는 마음은 온몸과 마음의 긴장을 풀리게 해주는 안정성이 있다."

차가운 아이스크림을 먹은 후 머리가 얼얼해지는 느낌을 받았다. 그녀가 언어에 대해 얼마나 진심인지 책을 통해 알 수 있다. 그녀는 책상 위

에 국어사전을 두고 수시로 살펴본다고 한다. 어떤 사전을 보기에 단어 하나로 인생의 의미를 발견하는 표현을 할 수 있을까. 나도 따라 '국어사전'을 검색해본다. 『국어사전 혼내는 책』, 『우리말 어감 사전』 등 사전의 종류가 이렇게나 많았나 싶다. 학생 때 봤었던 깨알 같은 글씨체의 두껍고 정형화된 사전만 있는 게 아니었다.

이것이 꼬리에 꼬리를 무는 독서, 즉 꼬꼬무 독서법이다. 꼬꼬무 독서법은 편독에서 시작된다. 나는 독서 편독자이다. 편독은 한곳으로 치우쳐 두루두루 살피지 못하는 경향이 있지만 크게 문제시하지 않는다. 내가 좋아하는 책은 나를 채워주고 맞지 않는 책은 내가 소비된다. 책과 나의 주파수를 최대한 맞추려 한다. 유아들은 표지가 마르고 닳도록 보던 책만 반복해서 보고 비슷한 책을 좋아한다. 취향이라 인정하고 의견을 존중해 줄 필요가 있다. 오히려 독서를 교과와 연계시키기 때문에 편독이 문제시될 뿐 독서 과정에서 지극히 당연하고 자연스러운 현상이다.

나는 독서 초보자에게 편독을 권한다. 한두 권으로 그 분야를 이해할 수는 없다. 한 주제에 대해 여러 저자의 각기 다른 관점을 느낄 수 있는 좋은 독서법이다. 깊이 팔수록 확장된다. 그 책으로 인해 또 다른 책이 읽고 싶어진다. 편독에서 시작해 다독으로, 다시 정독으로 넘어가는 독서법은 자연스럽다. 순서가 바뀌어도 문제 될 것이 없다. 오히려 과정에서 강압이나 억지가 들어가는 순간 책과 멀어지게 될 것이다.

내가 고른 책이 나에게 가장 좋은 책이다

꼬꼬무 독서를 위해 가장 중요한 것은 첫째, 내가 고른 책이어야 한다. 그렇다면 어떤 책을 고를 것인가. 나의 관심사가 담겨 있는 책이다. 좋아하는 내용을 읽을 때 감동을 받고 심장이 뛰며 생각의 변화를 가져온다. 내가 궁금한 책, 내 문제를 해결해줄 책, 내 마음이 흔들리는 책이 나에게 맞는 책이다. 결국 내가 좋아하는 분야를, 내가 고르는 것이 최선의 방법이다. 내 마음이 가고 당장 오늘 하루를 살아가는 데 도움이 되는 책을 선택하는 것이 중요하다. 그래야 꾸준히 읽는 사람으로 남을 수 있다. 나에게 지식이든 영감이든 에너지든 남는 게 있어야 계속하게 된다.

둘째, 누군가 추천해 준 책을 읽는 것이다. 그 누군가는 독서에 조예가 깊은 사람이면 좋다. 자신이 즐겨 보거나 들었던 방송에서 언급되는 책도 믿을 만하다. 이동 중이나 운동 중, 잠자기 전 독서 관련 방송이나 오디오북 듣기를 추천한다. 단지 그 누구에게 추천을 받든, 좋다고 해서 책의 내용을 무조건 받아들이는 것은 위험하다. 내 안의 감시관으로부터 합리적 의문을 통해 검증 과정을 거쳐야 한다.

책을 골라본 경험이 쌓일수록 더 잘 고르게 되고 꾸준히 읽게도 된다. 책에 대한 나만의 탐색 과정을 거친 최후의 한 권을 읽으면 그 책에서 또 다른 궁금증이 생겨 다른 책이 읽고 싶어진다. 예를 들어 주제에 대한 꼬리를 무는 경우, '독서'에 대한 책을 읽었다면 '글쓰기'나 '책 쓰기'로, '독서할 때의 뇌의 역할', '몰입과 집중'으로 영역을 확장하여 책을 읽어 나갈 수 있다. 저자의 꼬리를 무는 경우도 있다. 앞의 사례처럼 작사가 김이나가 그랬고 작가 은유가 그랬다. 이런 경우 좋아하는 작가 책을 모두 소장하게 된다.

좋아하는 책을 고르다 보면 점점 안목이 는다. 처음에는 가벼운 에세이를 읽다가 어느 순간 무거운 인문 고전을 충분히 읽어낼 수 있다. 구슬이 꿰어지듯 조금씩 영역을 넓혀간다. 책은 지식을 얻는 이점도 있지만 책을 찾는 과정에서 문제 해결책을 배운다. 그래서 더욱 직접 골라야 한다. 귀찮고 잘 안 되더라도 계속 시도해야 한다. 독서에 있어서는 정해진 수준도, 반드시 읽어야 할 목록도 존재하지 않는다. 선택의 기준은 항상 '나'이다. 내가 재미있게 볼 수 있는 책을 찾는 데 집중한다면 독서를 통해 즐거움을 넘어 가슴 벅참을 만끽할 수 있을 것이다.

나에게 힘이 되는 책 속 한 문장을 기록해보세요.

보통의 언어들

김이나/위즈덤하우스/2020

일상에서 흔히 쓰는 단어에 대한 작가의 생각과 정의가 감탄할 정도로 깔끔하게 정리되어 있다. 화려한 문장이나 어려운 단어 하나 없이 격하게 공감되는 표현의 집합들. 알긴 알겠는데 뭐라 설명할수 없는 단어에 그림 그리듯 자세하게 묘사한 언어의 연금술사가 들려주는 삶과 관계에 대한 이야기들, 더불어 작가가 삶을 대하는 태도를 엿볼 수 있다.

04

대충 독서법 : 마음껏 훑어보기

피카소는 1,000점 이상의 그림을 그렸다.
그렇기 때문에 사람들은 피카소의 그림을 3개 이상 알고 있는 것이다.

– 세스 고딘, 『린치핀』 –

맘 카페에서 "7세 아이가 책을 대충 읽는데 어떻게 도와줘야 할까요?"
라는 질문에 깜짝 놀랐다. 정독을 시키라는 누군가의 진심 어린 답변에
한 번 더 놀랐다. '엄마가 아이의 독서 행위에 손을 뻗는 순간 아이는 더
이상 책을 좋아하지 않겠구나.' 싶었다. 책을 대충 많이 읽느냐, 자세히
적게 읽느냐는 중요하지 않다. 더구나 특별한 성과를 내야 하는 상황이
아니라면 의도적으로 정독할 필요도 없다. 양으로 충분히 채워지면 깊고
자세하게 볼 수밖에 없다. 읽는 사람이 그만큼만 받아들일 수 있어서 그
렇다. 정독을 위해 아이를 옆에 끼고 학습을 하려는 순간 책 읽기는 가장

재미없는 행위가 된다. 어른도 마찬가지다. 다독이냐 정독이냐를 따지기 전에 멈추지 않는 데 심혈을 기울여야 한다.

작가 유시민은 다독과 정독에 집중하기보다 '몰입'을 강조했다.

"책을 많이 읽는 것은 좋은 일입니다. 그래서 되도록 빠른 속도로 읽으려고 애쓰는 사람도 있어요. '1년에 300권'이라는 목표를 세우고 책을 읽어 치우는 사람도 봤습니다. 그렇지만 다독과 속독이 반드시 좋은 건 아닙니다. 지식을 배우는 데 집착하지 말고 몰입의 순간을 즐기는 데 집중한다면 굳이 빠르게 많이 읽으려고 애쓸 필요가 없습니다. 몇 권을 읽든, 마음을 열고 책 속으로 들어가 글쓴이가 전해주는 생각과 감정을 있는 그대로 느끼는 게 중요합니다. 생각과 감정이 풍성해지고 삶이 넉넉해지는 기분을 맛보게 될 겁니다. 이것이 바로 독서의 맛이에요. 이 맛을 즐겨야 감정 이입 능력을 기를 수 있습니다."

맛을 봐야 삼킬 수 있다

독서 초보일수록 다양한 분야를 마음껏 훑어보는 것이 좋다. 이것저것 많이 들추어봐야 내 취향을 찾을 수 있다. 단, 몇 권 읽었는지 일일이 세지는 말자. 권수에 얽매이는 것은 실속 없이 남에게 잘 보이고 싶어 겉치장에 신경을 쓰는 것과 같다. 독일의 철학자 헤겔은 '양질 전환의 법칙'이라는 개념을 말했다. 이는 일정한 양이 누적되면 어느 순간 폭발적인 형태로 변화가 일어나 사회 발전의 질적 비약을 가져온다는 것이다. 가게에 들어갔을 때 상품이 많아야 보는 재미가 있고 그 중 최애템을 고를 수있듯이 독서도 예외는 아니다. 여러 영역을 두루두루 살펴본 후에야 유독 관심이 가는 분야를 선택할 수 있다. 그때가 양에서 질로 변하는 시점이고 동시에 독서의 달달함을 조금씩 느낄 수 있는 단계이다.

처음부터 정독하려고 애쓰지 않아도 된다. 우리는 어릴 때부터 독서가학습과 연결되는 바람에 정독하지 않으면 잘못 읽은 듯 죄책감을 느낀다. 그런 환경 탓에 어른이 되어도 책상에 앉아 집중해서 한 자 한 자 이해한 다음 책장을 넘겨야 할 것 같다. 괜한 책임감에 쉽고 편하게 접근하지 못한다. 책장을 슬렁슬렁 대충 읽고 넘겨보자. 꼼꼼하게 살피면서 많이 읽으려고 하면 부담스럽고 지친다. 대신 읽는 동안 내가 꼭 건져야겠다는 목적 하나는 염두에 두어야 한다. 가령, 다독의 장단점에 대해 알고싶다면 그것을 목표로 삼아 관련된 책을 두루두루 최대한 많이 찾아 읽는다. 도서관에 배열된 같은 주제 분야의 제목만 봐도, 그중 한 책의 목차만 읽어도, 목차에서 원하는 내용만 펼쳐 읽어도 모두 독서이다. 문학평론가 이어령 교수는 말한다. "나는 책을 끝까지 다 읽어본 적이 없다.

훌훌 넘기면서 우연히 와닿는 것이 내게 영감을 주기 때문이다."

완독하지 않아도 된다. 하루에 180여 권의 책이 새로이 태어난다. 읽을거리가 넘쳐나는 세상이다. 책에서 얻을 수 있는 감정과 생각의 화학적 반응, 나아가 행동의 변화는 한 권을 끝까지 다 읽는다고, 몇 시간을 꼬박 앉아 있다고 얻을 수 있는 것이 아니다. 내용을 이해하지 못했을 때는 과감히 책장을 덮어도 된다. 내 마음이 내용에 다다르지 않았다는 증거이다. 그 책에 미련이 남아 있다면 반드시 다시 펼치게 되는 시점이 올 것이고 그때는 받아들일 수 있을 것이다. 책이 중요한 것이 아니라 책을 읽는 동안 내 마음을 살피는 것이 중요하다. 단 한 줄, 단 한 문장이라도 마음을 흔들 수 있다면 그걸로 족하다.

나만의 명언 찾기

굳이 읽은 책의 권수를 남기고 싶다면 책을 읽은 후 끌리는 한 문장을 기록해보는 것이 어떨까? 권수 채우느라 정신없이 읽어 낸 흐릿한 흔적보다 머릿속에 진하게 남은 사색의 결과를 노트에 적는 것이다. 끌리는 문장을 많이 모으는 것이 독서의 즐거움을 느끼는 데 큰 도움이 될 것이다. '이 책이 이런 내용이었어?', '그때 내가 이렇게 유려한 단어를 썼었어?', '참 힘든 상황이었는데 지금 보니 별것도 아니었구나.'라며 과거와 비교해 조금은 성장한 내 모습을 볼 수 있을 것이다.

　남들이 '그 책 별로'라고 낮게 평가해도 내가 좋은 것이 우선이다. 대신 왜 별로인지 구체적인 이유를 들어볼 필요는 있다. 내가 좋은 것이 무조건 좋다는 편향적 사고에 빠지면 안 되니까. 새해 아침 감당하기 힘든 권수를 정하고 많이 읽겠다는 목표로 스스로 힘들게 하지 말자. 나에게 감동을 줄 책이 줄 지어 있는데, 손을 내미는 책이 이렇게 많은데 바쁜 일상에 일일이 다 챙겨 읽는 것은 불가능하다, 가장 재미있을 일이 가장 고통스러운 순간이 된다. 하루에도 수만 가지 정보를 접해야 하는 우리는 대충 훑어 읽다가 꽂히는 부분에서 세세하게 읽으면 된다. 인생 네 컷으로 순간의 특별함을 담듯 생각이 멈춘 부분에서 좀 더 깊이 사유하여 내 것으로 남기는 것 또한 독서의 맛이다.

나에게 힘이 되는 책 속 한 문장을 기록해보세요.

하루에 하나씩 나에게 들려주는 긍정 메시지

사이토 히토리/경향비피/2017

성장을 지향하는 요즘, 매일 아침 긍정 확언을 수십 번 쓰고 말하기가 유행처럼 번지지만 막상 하려면 어색하고 무엇을 말해야 할지 당황스럽다. 이때 잠깐 이동시간이나 잠에서 깼을 때 짧은 글을 읽고 내 삶에 적용하기 쉬운 책. 처음에는 이러한 가이드 책의 힘을 빌려 시작하다 점차 나의 언어로 습관화하기 좋다. 매일 아침 내 하루에 에너지를 주고 현재에 집중해 충실하게 사는 데 도움을 준다.

05

아이디어 창고 산행

나는 소설 쓰는 방법의 많은 것을 매일 아침 길 위를 달리면서 배워왔다.

– 무라카미 하루키 –

코로나로 인해 센터에 운동을 가지 못한 지 2년이 지나면서 몸뚱이가 부담스러워졌다. 더 이상 방치하면 옷장에 걸려 있는 옷들을 몽땅 버려야 할 것 같다. 김민식 PD의 책을 읽던 중, 〈공짜로 즐기는 세상〉이라는 SNS를 알게 되었고 공짜로 운동할 수 있는 방법을 찾았다. 걷기는 시시하고 뛰기는 힘들다. 시시하지 않으면서 힘들지 않은 운동, 등산이다. 나지막한 뒷산을 천천히 걷는 것은 적당히 숨도 차고 제법 운동도 된다. 꾸준히 했더니 3주 만에 3kg, 그러니까 1주에 1kg씩 감량되는 기염을 발휘했다. 그때부터 한 주에 한두 번은 산에 오르는 것이 삶의 중요한 포인트가 되었다.

겨울에서 봄으로 넘어갈 즈음의 산은 햇빛이 터질 듯 쨍쨍한데도 바람의 힘이 훨씬 더 강하다. 그 바람을 온몸으로 지탱하며 '이대로 갈 수 있을까, 지금이라도 돌아갈까. 조금만 가면 땀이 나겠지. 나무들이 바람을 막아주겠지.' 후회와 희망의 감정들이 끊임없이 충돌하면서도 결국 정상에 오른다. 오르막에서 턱밑까지 차오르는 숨참. 말초혈관까지 전해지는 찌릿함. 따뜻하게 샤워 후 푹 자고 일어난 후의 개운함은 육체적 자극과 온갖 정신적 감정을 느끼기에 충분하다.

목소리로 전해 듣는 책 읽기

산을 오르며 사람 책을 듣는다. 사람 책이란 사람이 직접 들려주는 지식과 경험 이야기이다. 주로 팟빵이나 세바시 강연(세상을 바꾸는 시간 15분), 오디오클립과 같은 온라인 강의가 최고의 사람 책인 셈이다. 흙냄새와 풀냄새 가득한 산에서 읽는 사람 책은 학창 시절 꽉 막힌 교실 수업을 벗어나 가끔 주어지는 운동장 야외수업 같은 것이다.

팟빵의 〈들어는 봤지만 읽지는 못한 당신을 위한, 다독다독〉은 다양한 주제의 책을 소개하거나 저자를 초대해 책에 대한 이야기를 나눈다. 내 손으로 절대 선택하지 않을 장르의 주식이나 NFT, 암호화폐, 메타버스와 같은 내용이나, 프로그램 이름처럼 들어는 봤지만 언제 읽을지 알 수 없는 논어, 죽음, 건축 관련 생소한 주제에 쉽게 접근할 수 있는 좋은 방송이다. 예전 같으면 직접 찾아가 적지 않은 수강료를 지불해야만 접할 수 있는 그들의 삶의 이야기를 운동을 하면서 들을 수 있으니 이 얼마나 감사한 일인가. 전문가의 이야기는 큰 자극이 되어 내 안의 어떤 것과 만나 불꽃이 튀면 그 자리에서 핸드폰 메모장에 바로 적는다. 한두 발 내딛는 순간 잊히기 때문이다.

글을 쓰기 시작하면서 오디오클립 〈은유의 글쓰기 상담소〉를 반복해서 들었다. 자그마치 50회로 구성된 깊이 있는 내용은 여러 번 들을수록 다른 의미로 해석된다. 그들의 깊은 고민와 시행착오가 담긴 고급 가치를 몇 시간 만에 무료로 수강할 수 있으니 하려는 마음만 있다면 못 할 것이 없는 '공짜로 즐기는 세상'이 되었다.

세계적 작가 무라카미 하루키는 『달리기를 말할 때 내가 하고 싶은 이야기』에서 말한다.

"같은 10년이라 해도, 멍하게 사는 10년보다는 확실한 목적을 지니고 생동감 있게 사는 10년 쪽이, 당연한 일이지만 훨씬 바람직하고, 달리는 것은 확실히 그러한 목적을 도와줄 것이라고 생각한다. 주어진 개개인의 한계 속에서 조금이라도 효과적으로 자기를 연소시켜 가는 일, 그것이 달리기의 본질이며, 그것은 사는 것의 메타포이기도 한 것이다."

『걷기, 두발로 사유하는 철학』의 저자 프레데리크 그로 역시 첫 문장에서 "걷는 것은 스포츠가 아니다."라고 강하게 못 박는다.

나에게 등산은 운동뿐만 아니라 집중하여 사유할 수 있는 매개체이다. 몸이나 생각이 고여 있는 나른한 날이 계속될 때 기분 좋은 자극제이고 머무르려는 나를 일으켜 세운다. 같은 산에 같은 사람이 가지만 그곳은 언제나 새로운 곳이며 발견하지 못한 나를 만날 수 있는 곳이다. 오늘도 나지막한 동네 뒷산에 오른다. 산 초입에 서면 긴 한숨이 새어 나온다. 이번엔 얼마나 힘드려나. 또다시 후회와 희망의 감정이 충돌한다. 그때 『걷는 사람』 저자 하정우가 말한다.

"모르겠다, 일단 걷고 돌아와서 마저 고민하자."

인생 리뉴얼 독서

나에게 힘이 되는 책 속 한 문장을 기록해보세요.

매일 아침 써 봤니?

김민식/위즈덤하우스/2018

(전)MBC 김민식 PD의 '쓰기'에서 시작된 놀라운 변화를 담은 책. 직장에서 일을 주지 않을 때 무력함에 빠지지 않고 "난 뭘 할 수 있지?"라는 질문을 던졌고 '쓰기'에서 그 답을 찾는다. 그 방법으로 매일 블로그 쓰기를 강조한다. 블로그에 매일 글을 올렸더니 책을 출판하게 되었고 수동적인 읽기에서 능동적인 쓰기를 통해 비로소 즐기는 인생을 사는 길을 안내한다.

06

독서와 쇼핑

우리는 우리가 읽은 것으로부터 만들어진다.

– 마르틴 발저 –

나는 옷 쇼핑을 좋아하지 않는다. 쇼핑하느라 돌아다니다 보면 온몸에 진이 빠진다. 시간도 아깝고 몸도 축난다. 예쁜 옷을 잘 못 고르기도 하고, 그렇게 많은 옷 중에도 원하는 디자인이 없을 때는 내가 그렇게 까다로운 사람인가 싶기도 하다. 그래도 옷을 잘 입고 싶은 욕심은 있다. 남들이 입었을 때 예뻐 보이는 옷을 내가 따라 입으면 십중팔구 예쁘지 않다. 개인의 취향과 선택 기준이 없기 때문이리라. 어렵게 마음에 드는 옷을 고르더라도 체형에 맞지 않으면 살 수 없다. 사고 싶은 옷과 체형에 맞는 옷 사이의 간극을 최대한 줄이면 성공한 쇼핑이다. 잘 산 옷은 나를 돋보이게 한다.

옷 쇼핑보다 책 쇼핑을 좋아한다. 서점보다는 도서관을 더 좋아한다. 도서관에는 수십만 권의 책을 십진분류법에 의해 10개의 지식 체계로 분류해 놓았다. 서점과는 달리 유명 작가와 신규 작가의 책이 청구기호에 따라 동등한 지분으로 배열되어 있다. 물건을 정하고 쇼핑해야 하듯이 주제를 정해야 그 주제가 나열된 서가에서 책 고르기를 시작할 수 있다. 눈으로 책 제목을 브라우징하며 끌리는 책을 찾는다. 책날개의 저자 소개나 목차도 읽어본다. 여러 권을 살펴보고 원하는 내용이 담긴 보석을 찾으면 쇼핑에 성공했을 때의 기쁨에 비할 바 아니다.

책 쇼핑이 이렇게 재미있다니

주제에 맞는 서가를 찾아 책을 고르듯 옷걸이에 걸린 바지들을 한번씩 쓸어보며 유독 시선을 사로잡는 곳에서 옷을 집어든다. 눈으로 봐서 괜찮더라도 막상 입어보면 사이즈가 안 맞거나 색깔이 안 어울리는 경우가 있다. 여러 번 입어보고, 또는 여러 가게를 둘러보고 같은 방법으로 제일 괜찮은 놈으로 가져오면 그날의 피곤함은 눈 녹듯 사라진다. 간혹 매장 직원이나 같이 간 친구의 예쁘다는 성화에 못 이겨 사 온 옷은 한두 번 입다 몇 해간 방치되기 일쑤다. 구입할 때는 예뻤어도 무엇 때문인지 우리 집 거울에 비춰진 모습은 영 어색하다. 일단 내 마음에 들어야 교복처럼 자주 꺼내 입게 된다.

출판 분야에도 온라인 쇼핑이 대세가 되었다. 코로나로 인해 도서관 방문이 어려워지면서 전자책은 더 큰 위력을 발휘하고 있다. 대한출판문화협회의 통계에 따르면 전자책 구독 플랫폼인 '밀리의 서재'와 '리디북스'는 2020년 매출액 기준 전년 대비 각각 75.3%, 34% 증가한 것으로 나타났다. 나 역시 편리한 접근성으로 인해 전자책 앱 이용 후 책을 훨씬 더 많이 읽게 되었다. 월 만 원도 안 되는 비용으로 제한 없이 읽을 수 있으니 이런 가성비 높은 상품이 있을까 싶다. 가장 큰 장점은 한 가지 주제로 여러 작가의 책을 두루 살펴볼 수 있다는 것이다. 그중 딱 마음에 드는 내용과 필체와 깊이를 가진 책을 발견하면 오프라인 주문을 하고 책에 줄을 그으며 자세하게 읽어 나간다.

온라인과 오프라인 독서는 목적이 다르다. 어느 것이 좋고 나쁨의 문제는 아니다. 전자책은 슬렁슬렁 대충 보게 되는 경향이 있지만 양서를 선별하는 데 큰 도움이 된다. 출판사에서도 전자책이 잘되면 결국 종이책을 출판한다. 『어서 오세요 휴남동 서점입니다』의 경우 전자책 출간 후 독자들의 요청으로 종이책으로 다시 태어난 대표적인 소설이다.

책 쇼핑과 옷 쇼핑은 대상만 다르지 나의 생김새에 맞춰야 하는 점이 무척 닮았다.

옷 하나 사는 데도 이런 힘들고 복잡한 과정을 거치는데 내 의식을 표현하는 책을 고르는 데 조금도 노력하지 않고 좋은 책을 골라달라고 하면 추천받은 옷이 몇 번 입다 옷장에 자리만 차지하듯, 추천받은 책 역시 앞부분 서너 장 읽어보고 책장 구석 어딘가에 쳐박혀 책머리에 먼지를 켜켜이 뒤집어쓰고 있을 것이 분명하다. 책 쇼핑도 옷 쇼핑할 때처럼 기분 좋게 시작해 내 입맛에 맞는지 이리저리 재보고 꼼꼼히 따져 고르면 자주 꺼내 보게 된다. 잘 골라낸 책 한 권은 예쁜 옷을 입었을 때보다 훨씬 더 나를 돋보이게 한다.

나에게 힘이 되는 책 속 한 문장을 기록해보세요.

책은 도끼다

박웅현/북하우스/2011

책을 소개하는 책. 인문학을 바탕으로 광고하는 저자 박웅현이 들려주는 책에 대한 이야기이다. 저자의 감각적인 관점으로 어떻게 책을 바라보고 읽어나가는지 자세히 기록되어 있다. 에세이부터 고전 인문 교양서까지 여러 장르의 책을 고루 언급하며 독보적인 시선으로 책이 주는 메시지를 즐길 수 있다. 고전이 이렇게 재미있는 책이었나 싶을 정도로 쉽게 표현한다. 저자가 말하는 책은 "도끼처럼 얼어붙은 감성을 깨뜨리며 머릿속에 선명한 흔적을 남기는 것"이라 말한다.

07

독서와 연애

책을 읽는 시간은 사랑하는 시간이 그렇듯, 삶의 시간을 확장시킨다.

- 다니엘 페나크 -

김윤희 작가의 자전적 소설 『잃어버린 너』는 나의 순수했던 고교 시절 사랑의 아름다움과 슬픔을 온 마음으로 느끼게 했고 며칠 동안 그 여운 속에서 허우적거리게 했던 작품이다. 다수의 공감을 얻었던지 김혜수, 강석우 주연의 영화로도 상영되었다. 소설 속 남녀 주인공의 애절함을 한껏 고조시켰던 음악 '페르귄트 조곡'은 지금 들어도 티 하나 묻지 않은 그때의 예쁘고도 슬픈 감정 속으로 빠져들게 한다. 첫사랑 같은 책과의 강렬한 만남이었다.

독서는 새로운 사람을 만나는 과정이다. 나와 코드가 맞는 사람과의 만남은 시간이 화살 같다. 몇 마디 나누지 않았는데 2~3시간이 훌쩍 지나간다. 그 사람을 통해 낯선 세상을 접한다. 지금껏 알지 못한 전혀 다른 분야의 이야기를 들을 때면 이해하는 데 좀 힘들긴 해도 알아가는 재미가 더해진다. 마음을 열고 집중해서 들어주면 호감에 공감이 더해져 특별한 관계가 된다. 작은 호기심에서 시작된 관심은 서로를 점점 깊이 알게 되어 어느덧 편안하고 익숙해진다.

책은 또 다른 연인

독서와 연애는 생각을 나누면서 공감 요소를 찾는다는 의미에서 공통점이 많다. 우리는 때로 정원이 훤히 보이는 창이 큰 카페에서 만나기도 하고, 도서관에서 보기도 하고 온라인으로 만나기도 한다. 잠이 오지 않는 늦은 밤이나 고요한 이른 새벽에도 만나고 비가 오거나 눈이 내릴 때는 하늘에서 특별한 보너스를 내린 양 분위기에 취해 더 감성적인 마음으로 만난다. 사랑하는 이와 주고받는 깊은 대화만큼 행복한 순간은 없다. 그것이 사람이든 책이든 별반 다르지 않다.

그 사람이 좋으면 그와 연결된 다른 사람들도 궁금해진다. 친구, 동료, 가족들과의 관계를 통해 상대가 어떤 사람인지 알게 되고 더 큰 믿음이 생긴다. 물론 반대의 경우도 있다. 마음에 드는 책 한 권을 읽으면 책 속에 소개된 다른 책도 읽고 싶다. 다른 나라 사람이거나 현존하지 않는 인물이라면 그때의 배경과 그곳의 이야기까지 접할 수 있다. 과거로의 여행을 떠나듯 우리는 *끈끈한 연대 관계*가 된다.

좋은 사람만 있을 수는 없다

간혹 화려한 겉모습이나 멋진 조건을 앞세운 만남을 시작하기도 한다. 책의 제목에 낚이는 경우가 그렇다. 월 1억을 벌 수 있다고 유혹하지만 뚜껑을 열어보면 내가 가진 환경에서 할 수 있는 부분은 거의 없다. 첫 만남의 강렬함에 비해 속 빈 강정임을 알았을 때 그 실망감이란. 결국 상대가 문제라기보다 내 욕심이 앞선 결과임을 깨닫는다. 가끔 그릇된 논리와 생각을 강요할 때나 무작정 본인의 기준에 맞춰 억지스럽게 끌고 가려는 경우는 나를 존중하지 않는다는 느낌을 지울 수 없다. 줄기차게 어떤 메시지를 강요한다면, 그것이 특정 이익 집단의 이득을 위한 것이라면 과감히 이별을 고해야 한다. 시간을 낭비하고 상처를 입었지만 그런 류의 사람도 있다는 삶의 이치를 깨달았으니 마냥 쓸데없이 보낸 것은 아니다. 사람이든 책이든 모든 만남에는 나름의 의미가 있다.

내가 좋아하는 스타일은?

나는 나를 인정해 주는 상대에게 끌린다. 책은 나의 부족한 부분에 대해 구체적인 방법을 제시하여 실천할 수 있게 도움을 준다. 하던 일이 잘 안 될 때 '용기'라는 감정 에너지를 주는 상대를 끊임없이 만나고 있다. 그럴 때마다 조금씩 채워진다. 지금은 은유 작가님과 연애 중이다. 다음 은 김영하 작가님과 '존재의 이유'에 대해 깊은 생각을 공유할 것이다. 또 고미숙 작가님께 '명리학'을, 뇌 과학자 정재승 박사님께 '뇌 과학'에 대해 물어볼 생각이다. 빨리 만나고 싶어 애가 닳는다. 그러나 욕망도 자제할 줄 알아야지 내 생활 패턴을 뒤로 미룬 채 막무가내로 들이대면 기대했 던 만남이 기억하고 싶지 않은 결과를 낳을 수도 있다. 연애도 독서도 적 당한 밀당이 필요하다.

나를 유독 설레고 웃음 짓게 하고, 눈물짓게 만드는, 내 마음을 움직이 는 상대와의 만남은 귀한 인연이다. 때로 실망스러울 수도 있고 권태로 울 수도 있다. 그러나 위기를 잘 넘기면 평생 내 곁에서 나를 지지하고 응원해줄 유일한 무엇이 된다. 그게 연애의 맛 아닌가. 당신은 어떤 책의 누구와 연애 중인가. 아직 혼자라면 되도록 많은 사람들을 만나보길 바 란다. 천천히 먼저 손 내밀어 우리의 이야기로 서로를 채워주는 멋진 관 계를 충분히 만들 수 있다. 그들의 이야기를 보고 들으며 오감의 자극을 받아 내 안의 감성을 들여다볼 수 있다면 나는 점점 풍성해질 것이다.

나에게 힘이 되는 책 속 한 문장을 기록해보세요.

본능독서

자기 계발/이태화/카시오페아/2018

각종 독서법이 넘쳐나는 가운데 '본능 독서법'이라는 새로운 독서법을 제안한다. 알고 보면 책이 아니라 나를 관찰하는 독서법이다. 나의 본능에 따라 독서하는 것이 가장 훌륭한 독서법이라 말한다. 본능이 이끄는 대로 책을 읽는 것이 나를 가장 크게 변화시키는 최고의 방법임에 의심의 여지가 없다. 마음잡고 독서를 해보고 싶은 욕심이 있는 사람은 독서를 하기 전 책을 어떻게 대해야 하는지 조언을 구할 수 있다. 오직 본능에 충실한 책 읽기를 강조한다.

제4장

무슨 책을 읽어야 할지 모르겠다면

01

비판적 책 읽기

가장 위험한 사람은 단 한 권의 책만 읽은 사람이다.

– 토마스 아퀴나스 –

영화 〈변호인〉에서 국밥집 아들 '진우'는 야학을 운영하며 책(금서)을 읽었다는 이유로 국가보안법 위반으로 갖은 고문을 당했다. 책은 영혼을 움직이는 힘이 있어 단 한 권의 책으로도 가치관이 바뀔 수 있다. 그런 이유로 금서로 지정되거나 검열 대상이 되던 때가 있었다.

그림책의 고전으로 알려진 『괴물들이 사는 나라』(모리스 샌닥)는 1963년 출간 당시 "예쁘고 귀여운 주인공과 자상한 엄마가 등장하는 그림책의 전형을 훼손했다"며 미국의 교육학자들에 의해 금서로 지정됐다. 우리 아이들 대부분이 읽고 자랐을 법한『갈색 곰아, 갈색 곰아, 무엇을 보고 있니』(빌 마틴 주니어) 또한 글 작가 '빌 마틴 주니어'의 이름이 좌파 철학자 '빌 마틴'(마르크스주의 연구자)과 같다는 이유로 느닷없이 금서로 지정되었다. 이 책은 오늘날 대표적인 그림책이다.

어제의 금서가 오늘의 고전이 된다. 시대적 상황이 그렇게 정한다. 대부분의 책은 유용하다. 책이 나쁘기보다는 나의 선입견에 따른 편파적인 사고가 잘못됐을 가능성이 크다. 사람은 옳다고 생각하면 끊임없이 빠져드는 경향이 있다. 특히 중요한 결정 앞에서는 반대 입장, 또는 다른 의견의 책을 반드시 읽어보는 것이 좋다. 중세 철학자 토마스 아퀴나스는 '한 권의 책만 읽은 사람은 위험하다'며 독선적 사고를 경계했다. 책의 내용을 참고하되 맹신해서는 안 되는 이유이다.

편협한 독서가 얼마나 위험한지는 박홍규의『독서독인』에 잘 나타나 있다. 나폴레옹은 독서광이었고 그가 읽은 반민주적이고 영웅주의적인 책들은 세계 정복과 제국주의로 이어져 결국 '독서가 낳은 괴물'이라 칭해지기도 한다. 히틀러는 매일 밤 책 한 권 이상을 읽을 정도로 독서광이지만 토마스 칼라일의 영웅주의에 매료되어 '세기의 독재자'로 남게 되었다.

자기 계발서를 무수히 읽었다. 확실한 동기 부여가 됐고 노력하면 그들처럼 된다고 생각했다. 책을 읽는 동안은 하늘을 날 듯 자신감이 충만하지만 현실에 부딪히면서 들뜬 만큼 바람 빠지는 일이 반복되면서 조금씩 지치기 시작했다. 현실에서의 아픈 상처를 잠시 무디게 하는 진통제 같았다. 며칠 지나면 통증은 심해져 더 큰 효과를 내는 진통제를 찾는다. 그것의 반복이었다. 지금은 자가 치유 방법을 알게 되어 진통제에만 의존하지는 않지만, 요즘도 간간히 읽고 있다.

이러한 자기 계발서의 모순에 정면으로 반박한 도서 『거대한 사기극』(이원석)은 자기 계발서 권하는 사회의 허와 실을 『미움 받을 용기』와 공병호, 이지성 등 그들의 책을 통해 낱낱이 파헤친다. 의견의 옳고 그름은 둘째 치고라도 서로 상반된 생각의 배경을 살펴보는 것은 비판적 책 읽기에 탁월한 방법이다. 자기 계발서의 등장인물은 어려운 환경에서 큰 부를 이루었고 사회적 공헌에 앞장서는 훌륭한 분들이다. 그들에게 자극을 받고 삶을 변화시킨 사람들이 무수히 많지만 반대로 낙담하고 실패하는 사람도 많다. 내가 그중 한 명이 되지 않기 위해서라도 양면을 유심히 들여다보고 이해할 필요가 있다.

한창 인문학이 열풍일 때 고전이라 칭송되는 책들은 왜 잘 읽히지 않는지 의문을 가질 생각조차 못 했다. 단지 나의 좁은 식견을 탓할 뿐이었다. 지금도 『소크라테스의 변명』은 마음의 짐으로 남아 책장 한편에 꽂혀 있다. 인문고전의 탁월함을 칭송하는 내용을 담은 책들 속에서 그것의 오류를 설파하는 저자 박홍규는 『인문학의 거짓말』에서 인문학은 동서양의 지배 문화를 바탕으로 발전해 왔고 물질주의에 사로잡혀 있다고 했다. 현재를 타락한 인문학 시대라고 꼬집으며 비판적 관점 없이 무조건 찬양하는 것은 잘못되었다고 한다. 마냥 우러러 봤던 인문학이 기득권의 '있는' 사람의 전유물이자 '누구나' 접근하지 못하는 문화적 역사적 배경이 있었다는 것은 다른 관점에서 충분히 읽어볼 만하다.

부정적 비판은 비난에 그칠 뿐

책의 내용을 무조건 믿는 것도 위험하지만 무조건 경계하는 것 또한 문제가 있다. 얕은 잣대로 판단하면 저자의 생각을 비딱하게 보거나 받아들이지 못한다. 이들은 책뿐만 아니라 강의 또는 다른 사람의 이야기도 들으려 하지 않는다. 그 정도는 다 알고 있다는 무모한 자신감이다. 비판적으로 읽기 위해서는 책의 내용을 이해하는 것이 우선이다. 이해도 하기 전에 이건 이렇고 저건 잘못됐다는 식의 부정적 비판은 비난에 그칠 뿐이다. 또한 다양한 지식과 경험이 전제되어야 합당한 비판이 가능한데 그 분야의 학자가 아닌 이상 어려운 부분이다. 그래서 더 겸손해야 한다. 책을 읽으면 내가 얼마나 모르고 있는가를 조금씩 알게 된다. 그 사실을 알고 나면 새로운 분야를 받아들일 여유도 생긴다.

독서는 뇌를 자극하는 강력한 힘이 있다. 인간을 긍정적이든 부정적이든 변화시켜 생각과 행동을 이끈다. 내가 읽고 있는 책, 내 주변의 사람들이 단 하나의 메시지와 칭찬으로 일관할 때 내가 알고 있는 것이 전부가 아닐 수도 있다는 의심이 필요하다. 서로 다른 의견을 인식하고 판단해야 생각이 활기차진다. 우리가 비판적으로 책을 읽어야 하는 이유는 책에 숨어 있는 나쁜 속내를 분별하기 위함이다. 이해하기 어려운 문장 앞에서 작가는 왜 이렇게 이야기하고 있는지 유추해보고 피해를 주는 경우는 피해야 한다. 무조건 신봉은 금물이다. 비판적 독서를 위해 우리는 의견이 상반된 책을 읽어보고 반대의 의견을 들어본 후 나의 생각과 행동을 스스로 판단하고 규정하는 것이 합리적이다. 다양한 관점의 책을 읽는 것은 무조건 믿고 보는 사고에서 벗어나 합리적 비판으로 나를 지킬 수 있는 방법이다.

나에게 힘이 되는 책 속 한 문장을 기록해보세요.

거대한 사기극

이원석/북바이북/2013

자기 계발서를 비판적으로 논하는 책. 자기 계발서가 인간의 욕구와 관련하여 어떤 상품으로 개발되는지, 그 뒤에 깔린 역사적, 윤리적 배경은 어떠한지를 알려준다. 또한 국가나 개인이 할 일을 기업에 떠넘기는 거대한 사기극에 지나지 않는다고 말한다. 자기 계발서를 신봉하는 경향이 있는 독자 중 읽고 난 후 뜻대로 되지 않았을 때의 허탈감에 대해 본인 탓을 하기 전 자기 계발의 진정한 가치와 시대적 변화를 알고 읽는다면 큰 도움이 될 것이다.

02

충분히 방황하라 : 독서 슬럼프

사람은 노력하는 동안 방황하는 법이다.

- 괴테 -

우리는 독서에 대한 환상이 있다. 책만 읽으면 당장 정답을 찾을 수 있을 것 같고, 머리가 좋아질 것만 같다. 학생이라면 성적이 쑥쑥 올라갈 것 같다. 정작 현실은 답을 찾기는커녕 더 혼란스러워진다. 그 분야의 전문가라는 이유로 저자를 무작정 따라가기도 한다. '양서'나 '추천 도서'라는 개념도 한몫한다. 특히 우리나라는 초등학생부터 대학생, 성인에 이르기까지 저명 인사나 권위 있는 기관을 통한 추천 도서가 많다. 그나마 '필독 도서'라는 용어가 사라진 건 참 다행스러운 일이다. 추천 도서를 읽어봐서 알겠지만 나와 별개의 이야기를 끝까지 다 읽는다는 것은 버거운 일이다. 그럼에도 우리는 추천 도서나 베스트셀러에 의존하고 있다.

직접 고르는 어려움

내가 고를 수 없기 때문일까. 직접 고르기 귀찮기 때문이리라. 패키지 여행이 편하긴 하지만 그 여운은 스스로 계획한 자유여행에 비할 바 아니다. 때로는 생각지 못한 낯선 곳, 낯선 만남에서 더 큰 기쁨을 얻을 수도 있다. 하루가 다르게 쏟아지는 책들 가운데 내게 딱 맞는 책을 골라내는 것은 단 한 번에 되지 않는다. 서점에 가서 어렵게 책을 골랐는데 집에 와서 읽어보니 원하는 내용이 아니다. 괜히 돈 낭비, 시간 낭비한 것 같다. 도서관에서도 마찬가지다. 빼곡히 꽂힌 책들 사이에서 어떤 책을 어떻게 골라야 할지 난감하다. 이 책 저 책 들었다 놨다 하며 대강 손에 잡히는 대로 빌려왔다. 일주일이 지나 반납하려는데 읽었던 내용이 기억이 나지 않는다. 또 시간 낭비인가 싶다.

책을 고르는 수고로움, 고르고 난 후의 아쉬움, 내용에 대한 불만족, 변하지 않는 내 모습, 모든 것은 시행착오일 뿐이다. 애서가로 가는 당연한 과정이다. 쓸모없는 경험은 없다. 이런 경험이 씨앗이 되어 언제 뿌리내릴지는 아무도 모른다. 이런 책, 저런 책 꾸준히 읽다 보면 자기만의 안목이 생긴다. 유명인이 추천한 책이 나의 상황과 맞지 않을 경우 꾸역

꾸역 힘들게 읽어낼 필요가 없다는 자신감과 확신이 생긴다. 서울대 권장 도서보다 나만의 기준을 가지면 책 보는 재미가 더해진다. 나에게 좋은 책의 기준은 처음 읽었을 때 여운을 주는 책. 그래서 두 번 세 번 읽고 싶은 책, 읽을 때마다 다른 깨달음을 주는 책, 내 생각을 선명하게 해주는 책. 직접적인 문제 해결 방법을 주는 책이다.

책과의 거리두기

책을 열심히 읽다가도 한동안 꼴도 보기 싫은 날이 있다. 졸업식 날 책 거리라는 명목으로 책을 버리는가 하면 주말에 회사 근처도 가기 싫은 것처럼 극도로 회피하게 되는 날들이다. 동기 부여나 자기 계발 책도 질릴 때가 있고 과하게 섭취하면 만사 귀차니즘 증후군에 빠지게 된다. 지금까지 공부했던 노력들이 쓸데없는 짓인 것 같아 다시 책을 열고 싶지 않다. 하루 이틀이 눈 깜짝할 사이 한두 달이 되고 서서히 책에서 손을 놓는다. 이런 독서 슬럼프는 심심찮게 찾아와 나를 시험한다.

아무리 쉬운 책이라도 적잖은 에너지가 소요된다. 다양한 방해 요소로 인해 책과 친해지기가 쉽지 않다. 책을 읽을 수 없는 백만 가지 이유가 존재한다. 요즘은 유튜브가 그렇다. 이러한 독서 슬럼프가 왔을 때 평소 집중했던 무거운 주제를 벗어나 쉽고 가벼운 에세이나 좋아하는 잡지를 읽으며 마음을 정화시키는 것이 좋다. 이슬아의『수필집』을 읽으며 내 안에서는 절대 존재하지 않을 톡톡 튀는 관점들에 놀라고, 김이나의『보통의 언어들』같은 짧은 스토리를 읽으며 상황에 대한 디테일한 묘사에 빠져들어 순간 이동 여행을 하고 오면 생각은 가벼워지고 감성은 채워진다. 언어라는 블록 장난감을 갖고 신나게 놀고 난 다음의 쾌감을 느낄 수 있다.

슬럼프는 잘하고 있다는 증거

슬럼프를 잘 넘기기 위해서는 우선, 독서를 해야 한다는 부담감에서 벗어나야 한다. 내가 쓴 지난 독서록이 있다면 가끔 읽어보는 것을 추천한다. 책상 정리하던 도중 우연히 발견한 예전의 일기장을 읽을 때의 아련함이 느껴질 것이다. 과거의 나를 만나면 매일 똑같은 것 같아도 현재의 내가 얼마나 변해 있는지 깜짝 놀랄지도 모른다. 직접 글을 써 보는 방법도 있다. 슬럼프에 빠진 내 마음을 형식에 구애받지 않고 글로 드러내 보는 것이다. 어려울 것 같아도 일기라 생각하면 그리 어렵지 않다. 현재의 복잡한 나를 객관적으로 바라보고 인정할 수 있다. 글 쓰는 것이 영 부담스러울 경우 쉬운 책을 필사해 보는 것으로 대체할 수도 있다. 저자의 조언을 가벼운 마음으로 들어보면 위로가 되기도 한다. 운동을 하다 지겨워졌을 때 마냥 쉬는 것보다 다른 운동의 맛을 새롭게 느껴보는 것이 내 몸을 위해 훨씬 좋은 방법이다.

모든 일에는 슬럼프가 있다. 사람 사이에서도 권태기가 있다. 책이 도끼가 되어 딱딱하게 굳어진 우리 마음을 깨뜨리기 위해서는 그만큼의 흔들림과 좌절의 시간이 필요하다. 나의 경험과 저자의 언어가 서로 속도와 방향이 일치하여 톱니바퀴처럼 맞물릴 때 비로소 의미가 된다. 독서가 알베르토 망구엘은 말한다. "독서가들은 책을 자신의 것으로 만들어 결국에는 책과 독자가 하나가 된다." 지금 책과 권태기인가? 그럼 잘하고 있는 것이다. 어두운 터널을 지나가야 밝은 빛을 만날 수 있다. 틀림없다. 좋은 결과가 확실히 기다리고 있는데 잠깐의 고통은 참을 수 있지 않은가. 충분히 방황하라. 결국 우리는 읽는 만큼 성장한다.

나에게 힘이 되는 책 속 한 문장을 기록해보세요.

삶을 바꾸는 책읽기

정혜윤/민음사/2012

장면 하나하나가 살아 숨 쉬는 듯 생생하고 감각적인 감동을 주는 작가 정혜윤의 책.

책을 많이 읽겠다 또는 무조건 읽겠다는 생각을 하기 전에 책은 왜 읽어야 하며 어떤 쓸모가 있는지 짚어준다. "책은 읽어서 어디에 써먹나요?"라는 질문에 '독서의 기술'은 곧 '삶의 기술'이라며 독서는 내가 다른 존재가 되거나 삶을 바꾸기 위한 것일 때 진정한 의미가 있다고 말한다. 독서를 통해 타인과 나를 돌아보고 삶을 읽어낼 때 독서의 진정한 힘이 발휘된다. 표지부터 따뜻하고 감성적인 책이다.

03

기준이 서면 쉬워진다

당신은 반드시 돈에 대한 통제권이 있어야 한다. 그렇지 않으면 돈이 영원히 당신을 통제할 것이다.

– 데이브 램지 –

여러 가지 사업을 시도하면서 매순간 고비가 찾아왔다. '처음'이라는 설렘도 있지만 익숙하지 않기에 모든 것이 어렵다. 부단히 나를 채찍질하며 꽉 찬 하루를 보냈어도 자기 전에 되돌아보면 더 일찍 일어나지 못해서, 더 집중하지 못해서 찝찝하게 하루를 마무리하곤 했다. 부담감 가득 안은 채 일어난 아침은 머리가 무겁다. 웃으면 복이 온다고 거울을 보며 애써 미소를 지어 하루를 시작하지만 나는 왜 이리 부족한 것 투성인지, 더 나은 성과를 위해 잘하려고 애를 쓸수록 결과는 좋지 않았고 반복되는 상실감에 물들어갔다.

지인에게 괴로움을 마구 뱉어냈고 끊임없이 투정했다. 잘하고 있다는 위안의 말을 건네받았으나 귀에 들어오지 않았다. 재테크 모임에 다녀온 날이면 자존감은 바닥을 쳤다. 나와 비교되지 않는 그들의 자산 앞에 내 벌이는 너무 초라했다. 더 많이 벌고 싶었다. 하루라도 빨리 성공하여 '멀쩡한 직장 때려치우더니 잘 사느냐'고 뒷말하는 사람들에게 본때를 보여 주고 싶었다. 그러나 내가 가지지 못한 능력을 가진 분들을 보면 내 꿈은 한없이 작고 한심해 보였다. 그들처럼 더 큰 목표를 가져야 한다고 생각했다. 결국 내 삶의 목표인데 남의 것처럼.

돈에 대한 진솔한 이야기

『돈 공부는 처음이라』의 저자 제갈현열은 말했다. "세속적이라 생각했던 돈 안에는 꿈이 있었고, 즐거움이, 노력이, 삶이 있었다. 내가 그토록 소중하게 생각했던 많은 것들이 결국 돈 안에 있음을 돈을 알아가고 버는 그 과정 속에 있음을 나는 그렇게 배워갔다." 돈은 내 인생에 중요한 화두 중 하나이다. 그럼에도 단순하게 액수만을 좇고 있는 '나'를 발견했다. 액수만큼 그것을 얻기 위한 수많은 감정의 충돌 속에서 배우고 즐기는 과정이 중요하다는 것을 책을 읽고 나서야 깨달았다. 숫자만을 좇던 나 역시 그 돈으로 무엇을 할 것인지, 그 돈이 나에게 어떤 의미인지, 그 금액이 목표라면 왜 그 금액이어야 하는지 진지하게 고민하게 되었다.

월 천이 고유명사처럼 유행하던 시기가 있었다. 일부 재테크 유튜버들은 월 천을 너무 쉽게 말하면서 유행을 부추겼다. 유행하는 '월 천' 말고 나는 얼마가 필요한 것인가. 현재, 1년 후, 10년 후, 20년 후, 노후까지… 계산기를 꺼내어 이리저리 두드렸다. 미니멀 라이프를 지향하기에 생각보다 생활비에 많은 돈이 필요하지 않았다. 불행인지 다행인지 아이들이 배움에 대한 의욕이 크지 않아 교육비도 많이 들지 않는다. 사업 확장과 자산을 늘리기 위한 투자금은 좀 더 마련해야 하는 상황이다. 중복되거나 과한 보험을 날씬하게 줄였다. 60세 이후에 받을 수 있는 연금도 따져봤다. 그리하여 교육에 대한 가치관, 노후의 삶에 대한 계획들이 녹아 난 금액이 산출됐다.

현실과 마주하기

무엇이 문제였지? 난 무엇 때문에 이토록 힘든 거지? 하늘로 치솟은 커다란 기둥을 향해 서로 밀치고 올라가는 수많은 애벌레 중 하나였던가. 구름에 가려 가장 높은 기둥 위 그곳에 무엇이 있는지 알지도 못한 채 맹목적인 도전을 멈추지 않는 호랑 애벌레가 따로 없다. 막연한 두려움이었다. 현재 어떤 어려움으로 인해 괴로운지 하나하나 체크해봤더니 잠시 자금이 묶여 경제적 부담이 있을 뿐이지 시간이 지나면 모두 해결되는 일이다. 조금만 욕심을 내려놓으면 그렇게 힘든 상황이 아니었다.

『꽃들에게 희망을』에 등장하는 노랑 애벌레처럼 우리는 각자의 속도와 방식으로 원하는 삶을 살면 되는 것이다.

『딱 1년만 계획적으로 살아보기』에서 저자 임다혜는 1년에 하나씩만 이루어도 충분하다고 한다.

"미래 모습을 적기 위해 고민하다 보면 사실은 내가 어떤 걸 좋아하는 지, 어떤 인생을 만들고 싶어 하는지를 알게 된다. 인생의 목표는 그런 깨달음을 바탕으로 정해져야 한다. 그걸 몰랐던 나는 남들이 멋지다고 생각하는 인생이 나에게도 좋은 거라고 생각해 오랜 시행착오를 거쳤다."

지금도 같은 시행착오를 겪는 사람이 꽤 많을 것이다. 『파리에서 도시락을 파는 여자』의 저자 캘리 최 역시 꿈을 이루고 못 이루고는 중요하지 않고 꿈을 이루기 위해 오늘 했던 나의 행동이 더 중요하다고 말한다. 그러면서 꿈을 이루기 위해 의식적으로 오늘 꼭 해야 하는 3가지와 방해되는 3가지를 적어 실천하라고 당부한다.

기준만 있다면

원하는 정확한 금액을 산출하고 난 후부터 방법이 보였다. 그때부터 결과보다 과정에, 잡히지 않는 먼 미래보다 오늘에 집중했다. 남의 목표와 비교해 나의 목표를 얕보지 않았다. 여전히 목표 수익에 도달하지 못했지만 과정에서 겪는 어려움은 단단한 내가 되는 밑거름이라 생각하니 그 또한 감사하다. 아르바이트의 도움을 받고 시간을 확보하여 더 중요한 일에 집중했더니 놀랍게도 더 많은 수익이 생겼다. 내가 할 수 있는 또 다른 기회가 찾아오고 그런 사람을 만나게 되었다. 그제야 지인이 나를 위해 늘 전했던 '잘하고 있다'는 격려의 말들과 값진 조언이 귀에 들어왔다.

돈에 대한 기준을 정하니 돈에서 자유로워졌다. 예전처럼 더 많은 돈을 좇지도 않고 쉽게 흔들리지도 않는다. 아니, 흔들리지만 내가 세운 기준으로 금세 돌아올 수 있다. 누군가 10억을 벌었다면 보이지 않는 그 사람의 노력을 보려 하고, 노력이 깔리지 않은 돈이라면 조만간 사라질 것이라는 것도 알게 되었고, 사라지지 않는다면 그 사람의 큰 행운이라 그것은 너도 나도 어쩔 수 없는 것이 세상 이치라는 것을 알았다. 나아가 삶의 기준이 서면 더 여유로워지지 않을까.

경제적 자유를 꿈꾸지만 정작 얼마나 필요한지 모르는 사람들을 위한 계산기를 소개한다.

낙원 계산기(일하지 않고 원하는 생활을 할 수 있는 재정 상태를 위한 계산기)

출처 : 거인의 포트폴리오/강환국/2021/2쪽

https://keep-ones.me/#/paradise-calculator

나에게 힘이 되는 책 속 한 문장을 기록해보세요.

돈 공부는 처음이라

김종봉/제갈현열/다산북스/2019

주식에 관한 내용이지만 재테크 전반에 적용할 수 있는 돈을 대하는 우리의 마음 자세에 대한 이야기. 돈의 실체를 정면으로 마주하는 다소 불편한 돈 이야기이다. 대부분의 책이 "이것 하면 얼마 벌 수 있다, 나도 했으니 너도 할 수 있다"고 성과를 말하는 반면 이 책은 돈에 대한 환상을 깨고 0원부터 차근차근 시작하는 것이 정답이라는 외면하고 싶지만 변하지 않는 돈을 벌고 모으는 원리를 일깨워준다. 재테크를 시작하기 전 교과서처럼 읽으면 돈과 재테크에 대한 개념을 이해하는 데 도움이 된다.

04

선택과 집중

지혜란 무시해도 될 일이 무엇인지 판별하는 기술이다.

– 철학자 제임스 –

어느새 앞으로 살날보다 지금까지 살아온 날이 더 많은 나이가 됐다. 자연스럽게 노후의 삶을 생각하지 않을 수 없다. 개그우먼 송은이는 뒤늦게 연예기획사를 설립했다. 회사 운영과 연애 활동 모두 활발히 활동하는 이유에 대해 이같이 말했다. "40부터는 평생 할 수 있고 하고 싶은 일을 해야겠다고 마음먹었어요." 절실히 공감한다. 지금까지 돈 버느라 하고 싶은 일보다 해야 하는 일을 하고 살았다면 이제는 내일 죽더라도 오늘 여전히 하고 있을 일을 조금씩 시작해야겠다고 다짐했다. 생을 돌아봤을 때 한 번쯤은 하고 싶은 일에 매진하여 최선을 다했다면 후회하지는 않을 것 같다.

잡아야 할 것, 놓아야 할 것

하고 싶은 일을 선택한다는 것은 하기 싫은 일을 일부라도 손에서 놓아야 한다는 뜻이다. 먹고살기도 힘든 마당에 배부른 소리라며 비난으로 일축할 수도 있겠다. 그러나 매번 먹고사는 일이 선택을 가로막는다면 죽을 때까지 먹고사는 문제만 생각하다 아쉽게 생을 마감할 것이다. '내 팔자에 무슨…'이라며 안 되는 이유와 핑계부터 찾거나 애시 당초 나와 상관없는 일이라 치부한다면 그저 안타까울 뿐이다. 선택할 것과 버릴 것의 기준이 무엇인지부터 우선 고민할 일이다. 백발노인이 되어도 여전히 좋아하는 일을 하고 있다면 삶이 조금 더 풍성하고 마음이 여유롭지 않을까. 이를 위해 필요한 것은 내 삶에 집중하여 내 안에서 무언가를 끄집어내어 선택하고 정성스럽게 공을 들이는 것이다.

나 역시 퇴사 후 수많은 우여곡절과 선택의 기로에 놓였었다. 시도하는 일은 전부 '처음'이라 어설펐고 부딪혀 상처 나고 아물기를 반복했다. 1년간 영혼을 갈아 넣은 스마트스토어(온라인 쇼핑몰)는 대표적 실패작이다. 소비를 즐기지 않는데다 소비 트렌드에 민감하지 못했다. 아무리 좋은 물건이라도 지인에게조차 한번 이용해보라 권하지 않는 내 성격에 쇼핑몰을 운영한다는 것은 처음부터 번지수를 잘못 짚은 것이었다. 그렇지만 최선을 다한 후라 후회는 없다. '성장'했다는 표현으로 포장하고 싶지는 않지만 나와는 상극이라는 명확한 결론을 낼 수 있었으니 얻은 것은 분명 있는 셈이다. 싫어하는 것을 알고 나면 좋아하는 것을 판단하는 기준이 명확해진다.

이런 것도 재능이 될까

우연히 시작한 글쓰기는 내가 가진 어설픈 재능 중에 하나이지 않을까 지켜보는 중이다. 글을 쓰고 싶어서 안달 나는 정도까지는 아니다. 하루 종일 글을 써도 엉덩이가 조금 쑤실 뿐 지겹지 않다는 점, A4 한두 장 쓰고 나면 가슴속에 뜨거운 뭔가가 차오른다는 점. 더 잘 쓰고 싶어 자꾸 욕심이 생긴다는 점은 재능으로 발전하는 데 좋은 징조로 보인다. 『엉터리 사학자 가짜 고대사』의 저자 김상태는 『삶은 어떻게 책이 되는가』 속 인터뷰에서 책을 쓰는 이유에 대해 이렇게 말했다. "자기가 생각하기에 의미 있고 재미있는 것을 흥미롭게 열심히 생산하는 겁니다. 책을 쓰는 일 역시 흔적을 남기는 것이죠. 그리고 책이라는 흔적은 동시대에만 남는 것도 아닙니다." 글쓰기를 이보다 더 명확하고 시원하게 표현할 수 있을까. 나는 하루 중 의미 있고 재미있는 것을 글로 생산해 보기로 했다. 그래서 더욱 의미 있고 재미있는 하루를 보내야 한다. 글쓰기에 집중해

보겠지만 그것이 나의 길인지는 장담할 수 없다. 그 누구도 알 수 없다.

당장 시작해 보기

최고의 선택을 위해서는 무엇이든 내 시선 안의 어떤 것을 선택해 시도해 봐야 알 수 있다. 특정 영역에 두각을 나타내지 않는 이상 어떠한 선택이 우리의 삶을 풍요롭게 할지 알 수 없다. 팀 페리스는『지금 하지 않으면 언제 하겠는가』에서 점을 찍어야 선이 생겨나고 면이 완성된다고 했다. 어떤 것을 선택하고 무엇에 집중할 것인가? 지금 당장 할 수 있는 일에서 점을 찍어나가다 보면 어느 순간 면이 완성된다. 세상은 계획한 대로 되지 않지만 일단 점을 찍어보는 것이 지금 우리가 할 수 있는 일이다.

유튜버 겸 명강사 김미경은 하루를 마감하기 전 오늘 하루의 점수를 매기는 것이 습관이라 한다. 점수가 너무 낮은 날은 반드시 채우고 하루를 마무리한단다. 하루에 대한 애착이며 지극한 사랑의 표현이라 생각한다. 다른 사람에게 의존하지 않고 나에게 집중해 시간 가는 줄 모르는 '어떤 것'을 발견하는 데 에너지를 집중해보자. 그 '어떤 것'이 무엇일지. 그것이 당신을 얼마나 변화시킬지, 어디까지 나아갈 수 있을지 무척 기대가 된다.

나에게 힘이 되는 책 속 한 문장을 기록해보세요.

삶은 어떻게 책이 되는가

임승수/한빛비즈/2014

이보다 더 생생한 '저자가 되는 법'은 없다. 책을 써서 얼마를 벌수 있는지, 책이 나온 후 달라지는 점은 무엇인지, 작가라면 책이 나올 만한 삶을 살고 있는지, 내가 가진 무엇이 책이 될 수 있는지를 생각할 수 있게 한다. 남들과는 다른 당신만의 관점을 강조하고 그 관점에 따라 충분히 행복하고 여유로운 삶을 살 수 있다고 말해준다.

05

종이책과 전자책의 쓸모

책을 읽는 데 시간이 없다고 하는 사람은 시간이 있어도 책을 읽지 못한다.

– 벤자민 디스레일리 –

코로나 여파로 집에 머무는 시간이 늘어남에 따라 웹 소설이나 전자책 수요가 크게 늘었다. 나 역시 본격적으로 전자책에 입문한 지는 2년쯤 되었다. 도서관과 서점 방문이 힘들어지면서 책을 볼 수 있는 방법을 찾다 독서 앱 '밀리의 서재'를 정기 구독했다. 처음에는 몇 번 이용하다 포기했다. 종이책을 컴퓨터 화면으로 보자니 책의 두께나 재질을 느끼기 힘들었고 핸드폰의 조그만 화면으로 글자를 보려니 눈도 시렸다. 하지만 책을 읽으려면 방법을 찾아야 했기에 안경을 끼고 전자책을 읽었다. 그렇게 시작한 것이 이제는 전자책 없이 독서 생활을 유지할 수 없을 정도이다. 월정액 결제를 하면 신간 열람과 구독 권수에 제한이 없다. 그 밖에 오디오북이나 종이책 배달 등 다양한 온라인 상품이 출시되고 있어 책으로의 물리적 접근이 갈수록 편해지고 있다. 실물 책이 없더라도 침대에 기대 누워서도, 차 안에서도, 심지어 이동 중 5분, 10분 상간에도 읽을 수 있으니 시간이 없다는 말이 통하지 않는 시대이다.

듣는 책의 쓸모

책은 읽는 것이 제 맛이라고 알고 있지만 요즘은 읽기만 하는 것이 아니라 보고 듣는 것을 같이 한다. 지난해 아동문학계 노벨상으로 불리는 안데르센 상을 수상한 이수지 작가의 그림책 『여름이 온다』는 비발디의 '사계' 중 '여름'을 그림으로 표현한 작품이다. 책 커버에 인쇄된 QR 코드를 통해 음악과 그림, 이야기를 결합시킨 독특한 그림책으로 독자가 책을 읽으면서 바로 음악을 감상할 수 있도록 한 것이다. 한편 좋은 책을 소개하거나 어려운 책을 쉽게 읽도록 안내해 주는 '북 튜브'나 라디오처럼 들을 수 있는 '오디오클립'과 '팟캐스트'도 인기다. 이러한 채널을 통해 책이 책을 낳고 읽는 사람은 더 읽게 된다.

긴 글을 읽기 힘들다면 5분 이내로 읽기를 마칠 수 있는 짧은 글을 소개하는 채널을 이용하는 것도 좋다. 카카오 '브런치'나 네이버 '프리미엄 콘텐츠'에서는 심사를 통해 일정 수준 이상의 작가를 발굴하여 짧은 한 편의 글을 통해 독자와 작가를 연결해준다. 그 외 오디오북과 챗북(책의 내용을 채팅 대화로 각색한 2차 콘텐츠)도 있다. 「2021 한국출판연감」 통계에 따르면 2020년 기준 신간 발행 종수는 65,700여 종으로 하루에 180여 권의 책이 출간되고 있다. 전자책의 등장으로 소외되어 사라질 줄 알았던 종이책은 오히려 아날로그와 디지털의 장점을 모두 갖추어 진화 중이다.

한편 이창신 님은 국내 최초로 독서를 놀이처럼 만들기 위해 '소셜 리딩 콘텐츠 크리에이터(Social Reading Contents Creator)'라는 직업을 만들었다. 그는 '함께하는 독서'에 재미를 느껴 책과 사람, 독자와 독자를 연결할 방법을 고안해 '무형서재'라는 독서 커뮤니티를 운영한다. 이러한 다양한 콘텐츠는 한곳에 오랜 시선을 두지 못하는 요즘 시대를 반영하여 책에 좀 더 쉽고 재미있게 접근하고자 하는 노력의 산물이다.

언택트(Untact)기술이 발전할수록 콘택트(contact) 서비스 또한 진화한다. 초등학교 고학년부터 중, 고등학교에는 태블릿 pc를 제공하여 수업 시간에 활용한다. 이북(e-book) 교과서로 공부하고 앱으로 동화책을 보는 것이 일상화되었다. 1인 1스마트 기기 시대이다. 이렇게 온라인이 활개를 치는 세상에 지역 공공도서관에서는 가장 레트로적인 '사람 책 도서관'을 운영하며 실제 그들의 경험을 듣는 또 다른 콘텐츠 서비스를 제공하기도 한다.

역시 마지막 선택은 종이책으로

온라인 매체로 시작한 독서는 종이책 구입이라는 오프라인 매체의 선택으로 마무리된다. 돈을 지불하고 소장할 만큼 내용이 풍성하고 가치 있는 책으로 최종 선택된 종이책은 다시 온라인 매체를 통한 검증 과정을 거친다. 예스24의 목차나 출판사 평을 자세히 훑어보고 미리보기를 통해 프롤로그를 읽는다. 파워 블로거들의 독서 후기도 자세히 읽어본 후 구입한다. 밀리의 서재를 통해 전자책만으로 충족이 되는 책은 굳이 종이책으로 구입하지 않지만 반복적으로 들춰보고 싶은 책은 종이책으로 구입하여 소장한다.

전자책과 종이책은 어느 것이 더 좋다기보다 장단점이 있다. 종이책을 넘겨가며 두세 번 읽는 것은 전자책으로 반복해서 읽는 것과 비교할 수 없는 묵직함이 있다. 반면 전자책으로는 핸드폰 하나로 언제 어디서나 다양한 책을 손쉽게 읽을 수 있어 다독하기에 유용하다. 이 둘은 매체가 변화한 것일 뿐 본질은 변함이 없다. 프랑스 작가 프루스트가 독서의 핵

심이라고 했던, 저자의 지혜를 넘어 자신의 것을 발견해내는 데에는 그 형태를 논할 필요가 없다. 매체 간 상호 적절한 조합이 필요할 뿐이다. 우리는 종이책과 전자책 양 방향을 유연하게 넘나들며 자기만의 패턴으로 독서의 자유로움을 누리기만 하면 된다.

나에게 힘이 되는 책 속 한 문장을 기록해보세요.

은유의 글쓰기 상담소

은유/네이버 오디오클립/2020

글 쓰는 사람들의 궁금증을 한곳에 모아 둔 네이버 오디오클립.

서문을 어떻게 시작하는지, 마무리는 어떻게 맺는지, 인용하는 방법, 나보다 잘 쓰는 사람을 보며 기 죽을 때 마음가짐, 타인을 묘사할 때 주의점 등 한 꼭지의 글을 쓰는 데 필요한 알짜배기 노하우가 담겨 있다. 필자가 책을 쓰면서 순간순간 막힐 때마다 반복해서 들었던 내용이다. 운전할 때 듣는 것을 권한다.

06

도서관 제대로 활용하기

도서관을 뒤져보면 그곳이 온통 파묻어놓은 보물로 가득 차 있음을 알게 된다.

– 버지니아 울프 –

영화나 드라마 속 배경은 그 나라의 문화를 반영한다. 우리나라 드라마 속 도서관 하면 누구나 예상하는 대표적인 장면이 있다. 책이 빼곡히 꽂힌 서가를 사이에 두고 살며시 보이는 책 사이로 남녀가 눈이 마주치는 장면, 아니면 메모지에 사랑의 메시지를 적어 수줍게 건네주는 모습. 요즘 말로 썸이 시작된다. 좀 더 세월을 거슬러 올라가볼까. 영화 〈여고괴담〉에서의 학교 도서관은 어둡고 음산하다. 마룻바닥 갈라지는 소리와 곳곳에서 귀신이 튀어나와 다시는 가고 싶지 않은 곳이다.

학창 시절 도서관

나의 중고등학교 때 학교 도서관은 가장 구석 맨 끝자락에 위치해 큰 자물쇠로 항상 잠겨 있었다. 시험 기간이 되면 편집부 선배만 문을 열 수 있는 권한이 있다. 들어가는 순간 쾌쾌한 먼지 냄새가 코를 찌르고 금세 목이 칼칼해진다. 양쪽으로 막힌 칸막이 책상이 길게 늘어져 있고 창 쪽에 위치한 3단 서가에는 누구도 건들지 않은 듯 먼지 쌓인 문고판 전집들이 꽂혀 있다. 늦게까지 남아 공부하는 날엔 영화의 한 장면처럼 뒷골이 싸늘해지는 느낌이 드는 건 나뿐만이 아닐 것이다.

미국 영화 속 도서관

반면 미국은 분위기가 다르다. 영화 〈로렌조 오일〉에서 오돈 부부는 아들 로렌조가 ALD(부신 대뇌백질 위축증)이라는 희귀한 병에 걸린 것을 알게 된다. 앞을 보지도, 듣지도 못하고 언어 장애와 전신마비를 일으켜 결국은 죽음으로 치닫게 되는 치명적인 병이다. 오돈 부부는 도서관에서 사서의 도움으로 ALD에 관련된 모든 서적을 닥치는 대로 탐독하며 치료법을 알아내어 의사조차 외면했던 로렌조의 몸에 새로운 힘을 주게 된다. 우리나라는 도서관을 연애 또는 공포의 장소로 표현하는 데 반해 미국은 자료를 찾고 문제 해결의 실마리를 제공하는 장소로 표현한다. 몇 년 전 예능 프로그램 〈무한도전〉에서 출연자들이 도서관 자료 찾기 미션을 수행하는 모습이 방영되었다. 이전의 도서관의 모습과 사뭇 다른 접근 방법이 내심 반가웠다.

집 근처 공공도서관

도서관을 제대로 이용하기 위해서는 도서의 배열 체계와 서비스에 대해 알아두는 것이 좋다. 도서관은 세상의 모든 지식을 0에서 9까지 열 가지로 체계적으로 배열해놓은 곳이다. 과거에는 권력을 가진 자만 이용할 수 있는 특권의 장소였으나 지금은 누구나 자유롭게 이용할 수 있는 편안한 공간이 되었다. 특별한 관심사가 없다면 000 총류에서 900 역사까지 시간을 두고 여유롭게 둘러보길 바란다. 새로운 주제를 다양하게 접하면서 어떤 지점에서 좀 더 끌리는지 알 수 있는 좋은 기회가 된다.

공공도서관에서 가장 많이 이용하는 서비스는 대출 반납이다. '리브로피아'는 지역도서관 통합 검색 앱이다. 빌리려는 책이 어느 도서관에 있는지 도서관에 방문하기 전에 소장 여부를 확인할 수 있다. 안내되어 있는 청구기호를 보고 책을 찾은 후 무인 대출 반납기에서 책을 대출하면 된다. 그다음 많이 이용하는 것은 '희망 도서 신청'이다. 3만 원 이내 월 3권까지 신청 가능하다. 구입부터 내 손에 입수되기까지 3주 정도의 긴 시간이 걸리는 게 흠이지만 원하는 책을 무료로 읽을 수 있기도 하고 책을 선정하는 수서 담당 직원들의 부담을 덜어 줄 수도 있어 1석 2조다. 아이들이 다니는 학교 도서관에서도 마찬가지로 '학교 도서관 종합 지원 시스템'을 통해 희망 도서를 신청할 수 있다. 학교 도서관은 소규모이지만 노무현 정권부터 시작된 '학교 도서관 활성화 계획'이 자리를 잡으면서 시설 면에서 아주 우수하다. 아직 인력 면에서는 아쉬움이 있지만 사서 교사가 배치된 학교라면 전문적으로 운영될 것이니 자녀가 평소 읽고 싶었던 책을 구입 신청하여 적극적으로 이용해 보길 바란다.

도서관에 직접 방문하기 귀찮다면 지역의 전자도서관을 이용할 수 있다. 오프라인 도서관에서 대출하는 환경을 온라인으로 옮겨온 것이다.(http://ebook.starlove.net/ELib). 대출 권수와 기간이 정해져 있지만 클릭 한 번으로 대출이 가능하다. 주로 이용하는 도서관에 회원 등록이 되어 있어야 해서 약간의 불편함이 있으나 무료로 전자책을 이용할 수 있다는 장점이 있으니 두루두루 이용해보고 가장 편한 방법을 찾으면 되겠다.

나의 학창 시절 공공도서관은 지자체에서 운영하는 한두 개가 전부였다. 그것도 차가 없으면 접근하기 힘든 언덕배기에 자리하고 있어 큰 맘 먹어야 한 번씩 가는 곳이었다. 지금은 전국 지자체 산하 7,380여 개의 작은 도서관이 있다. 아파트 단지 안까지 들어와 10분 내 걸어서 갈 수 있어 마음만 먹으면 책을 읽을 수 있는 환경이 되었다. 규모가 작아 필요한 책이 없을 경우 발길을 돌려야 할 때도 있지만 마을 중심의 정보 사랑방 역할을 하여 오히려 소통하기가 편한 점도 있다. 어린아이가 있어 이동이 힘든 경우 유모차를 끌고도 편하게 이용할 수 있으니 참 다행이다.

도서관에서 문화생활을

이제 도서관은 책을 빌리고 반납하는 장소를 넘어 다양한 문화 체험 및 행사의 장이 되었다. 저자와 만날 수 있고 작품 전시회에 참여할 수 있으며 독서회를 통해 책 읽는 사람들끼리의 커뮤니티에서 생각을 나누는 공간이 되었다. 잘 꾸며진 외부 정원에서 간단히 음식을 먹을 수 있고 주변에 예쁜 카페를 둔 곳도 많아 가족 나들이 코스로도 손색이 없다. 도서관에서 인문학 강의를 듣고 영화를 관람하는 것뿐만 아니라 〈로렌조 오일〉에서 오돈 부부가 그랬던 것처럼 도서관 자료를 활용해 자신의 문제를 스스로 해결할 수 있는 치유의 장으로 활용해보길 바란다. 답을 찾아가는 과정들은 결국 삶의 의미를 찾아가는 중요한 걸음이 될 것이다.

나에게 힘이 되는 책 속 한 문장을 기록해보세요.

열두 발자국

정재승/어크로스/ 2018

뇌 과학자 정재승 박사의 강연 중 가장 많은 호응을 받았던 12개의 강연을 정리하여 묶은 책.

어렵게만 느껴지는 뇌 과학적 지식이 우리 삶에 어떻게 적용되는지, 미래에 어떻게 대처해야 하는지 쉽게 설명되어 있다. 의사결정에 있어 더 나은 선택을 위해 사람들의 뇌에서 어떤 일이 벌어지고 있는지 전문 과학자의 조언으로 삶의 통찰을 이야기한다. 자연스러운 대화체는 어려운 내용도 쉬운 언어로 표현되어 어느새 몰입하게 한다. 청소년과 그의 부모가 같이 읽고 이야기 나누기 좋은 책이다.

07

모르고 있다는 사실을 알지 못하는 상태

사람들은 자신이 모른다는 것을 모른다. 하지만 나는 내가 모른다는 사실을 안다.

- 소크라테스 -

어렸을 때는 어른이 되면 모든 것을 다 알게 되는 줄 알았다. 그때 어른들은 내가 모르는 것을 물어보면 대답해주었고 우물쭈물할 때 대처해 주었다. 진짜 어른이 되어보니 모르는 것이 여전히 많다. 경험에 의해 익숙해진 것들이 아이들 눈에는 뭐든지 다 아는 것처럼 보인다는 것을 중년이 되어서야 알게 되었다. '60이 넘어 삶의 곡절을 겪고 나면 그때는 '인생에 대해 뭔가 알겠지….'라는 기대를 갖고 있지만 동시에 이내 별반 다르지 않을 것 같다는 생각도 든다. 배우 윤여정은 한 예능에서 이렇게 말했다.

"60이 되어도 몰라요. 이게 내가 처음 살아보는 거잖아, 나 67살이 처음이야. 나도 이 나이는 처음이야…."

중학생 딸이 방학이 되자 매일 11시쯤 일어나기에 잔소리를 했다. "엄마는 5시 전에 일어나는데 너도 일찍 좀 일어나." 그랬더니 딸이 말한다. "엄마는 어른이잖아." 아마 딸의 눈에도 어른이 되면 일찍 일어나지는 건 줄 아는가 보다. 내가 그랬던 것처럼. 하지만 어른도 불완전한 존재다. 완벽한 사람은 없다. 스무살 때도 그랬고 현재도 그러하며 일흔이 넘은 윤여정 님도 여전히 혼란스러워 보인다. 단지 상황에 맞추어 자신의 부족함과 결핍을 인정하고 채우려고 노력할 뿐이다.

과거에 머무는 사람

그런가 하면, 자신의 부족함을 알지 못하는 사람이 있다. 아기들이 만져보고 먹어보며 적극적으로 체험하는 데 비해 그들은 새로울 것도 궁금할 것도 없다. 지금의 바운더리 안에서 모든 것을 경험해 보았고 그 밖의 세상은 나가 보겠다는 의욕이 없다. 그들은 모르는 것이 없다고 생각하여 배울 시도조차 하지 않는다. 영화로운 과거 이야기로 현재를 살고 미래를 메운다. 그들에게 필요한 것은 자신이 알지 못한다는 사실을 깨닫는 것이다. 가장 쉬운 방법이 '독서'이다. 나이를 먹을수록 공부해야 한다. 지식을 알아가는 것도 중요하지만 삶의 경험에 더한 지혜와 혜안을 가진 어른이 필요하다. 귀를 닫아 소통이 안 되는 이기적인 어른이 너무 많다. 안타까움에 책을 들이대고 싶다. 그딴 것 필요 없이 본인이 제일 잘났다고 할 테지만.

내가 모른다는 사실을 알고 있으면서도 인정하는 것이 쉽지는 않다. 나약해 보이고 권위가 서지 않는다. 알고 있는 것만 내세우면 편하다. 모르는 것을 알아가는 과정은 귀찮고 부끄러우며 때로는 용기가 필요해서 안주하고 싶어진다. 시대는 변해가는데 알고 있는 것만 내세우니 어느샌가 아는 척만 하고 갈수록 아는 게 없는 사람이 된다. 그래서 배움을 실천하고 젊은 사람의 말에 귀를 기울이는 어른을 존경한다. 값진 경험을 소유하고 있음에도 불구하고 자신의 부족함을 인정하고 소통하려는 자는 늙지 않는다. 그런 어른으로 성장하고 싶다.

알아갈수록 모른다는 것

사람의 무지함을 일깨울 때 자주 사용되는 '메타인지'라는 개념이 있다. 1970년대 발달심리학자인 존 플라벨(J. H. Flavell)에 의해 만들어진 용어로 '자신의 생각에 대해 판단하는 능력'을 말한다. 자신의 정신 상태, 곧 기억력이나 판단력이 정상인지를 결정하는 데에도 사용한다. 모르는 것을 아는 척하는 것도 위험하지만, 진짜로 위험한 건 내가 모르고 있다는 것조차 모르고 있는 상태를 설명할 때 쓰이는 개념이다. (출처 : 나무위키). 자신이 알고 있는 것이 전부인 양 젊은 사람에게 훈계하거나 큰소리치는 어른들은 대개 교만하다. 그가 알고 있는 것이 티끌만도 못 하다는 것을 안다면 얼마나 부끄러울까. 꼰대라는 말은 그런 어른들에 대한 젊은이의 저항이다. 그래서 독서는 나이가 들수록 반드시 필요하다.

책은 읽을수록 새로운 것을 알게 되지만 모르는 것이 많다는 사실 또한 알게 된다. 한 권을 읽으면 이어 두세 권이 읽고 싶어진다. 읽어야 할 목록은 자꾸 늘어나고 또 다른 궁금증이 생겨나며 생각의 폭이 넓어진다. 이것이 계속해서 책을 읽게 하는 원동력이다. 모르는 것이 많다는 것을 알게 되면 저절로 고개가 숙여진다. 다른 사람의 말에 귀를 기울일 수밖에 없다. 아는 만큼 보인다는데 아는 공간이 더 넓어지면 세상은 얼마나 다르게 보일까. 나이가 들어 할머니가 되어도 책을 통해 모든 감각을 동원해 벅차오르는 감정을 느끼고 싶다. 나를 알아가는 재미, 타인과 세상을 이해하는 여유, 삶의 주인으로 살아가는 자신감. 이토록 다양한 간접 경험을 할 수 있는 것은 독서만이 유일하다.

나에게 힘이 되는 책 속 한 문장을 기록해보세요.

내 생각과 관점을 수익화하는 퍼스널 브랜딩

촉촉한 마케터(조한솔)/초록비책공방/2022

개인이나 기업의 광고나 홍보, 나아가 퍼스널 브랜딩을 시작할 때 읽으면 좋은 책.

대부분의 마케팅 책은 브랜딩에 일률적인 규칙이 있음을 설명한다. 잘나가는 대기업이나 브랜딩이 확실한 개인의 경우를 예로 들며 그들에게 존재하는 일정한 규칙을 따르기를 바란다. 이 책은 우리가 대기업도 유명인도 아님을 인정하고 방법부터 달라야 한다고 강조한다. 첫 장부터 나의 브랜딩 성향 테스트를 하며 잘 나가는 사람들을 분석하기 전에 나는 어떤 유형인가를 인식하게 한다. 마지막에는 SNS의 특징과 활용법에 대해 추가 설명하고 있다. 1인 기업가들이 퍼스널 브랜딩을 하고 싶을 때 읽으면 좋은 책이다.

제5장

읽고

나서부터가

진짜 독서

01

멘토는 가까이에 있다

얼굴 아는 이는 천하에 가득한데 마음 아는 이는 과연 몇이나 될까.

– 명심보감 –

봄 재킷을 사러 대형 아웃렛 매장에 들렀다. 오픈 몇 분 전이라 매장 입장은 못 하고 광장을 이리저리 둘러보는데 멀리서 긴 줄이 보인다. 유모차에 탄 아기부터 머리가 희끗한 할머니까지 모두 모였다. 뭔가 싶어 가까이 가서 봤더니 명품 매장 입구에 늘어선 줄이다. 요즘은 소득에 상관없이 명품가방 하나쯤은 가지고 있는 듯하다. 오히려 안 가진 사람 찾기가 힘들 정도이다. 명품을 가지면 자신도 명품이 되는 건가. 손목에, 허리에, 손에 명품을 휘어 감고 백화점 주차 알바에게 언성을 높이며 뒤차까지 기다리게 만드는 사람, 손바닥만 한 명품 가방을 들고 아이들 학교에 보낸 후 엄마들끼리 모여 같은 반 특정 아이에 대한 험담을 하는 사람을 봤던 적이 있다. 오픈 전 줄지어 서 있는 저들은 명품을 가지려는 노력만큼 명품 삶을 추구할까.

멘토의 사전적 의미는 경험과 지식을 바탕으로 다른 사람을 지도하고 조언해주는 사람. 현명하고 동시에 정신적으로나 내면적으로도 신뢰할 수 있는 상담 상대, 지도자, 스승님, 선생의 의미로 쓰이는 말이다. 『총각네 야채가게』에 등장하는 주인공 이영석은 멘토에게 배우는 과정을 이렇게 기술했다. "최고에게 배워야 최고가 될 수 있다. 좋은 야채와 과일을 고르는 법을 배우기 위해 최고들을 수소문하여 직접 찾아다녔다. 가락동 농수산물 시장의 도매상인들을 붙잡고 하나하나 물어봤고 오징어 행상을 스승으로 삼아 1년 동안 전국을 돌아다니며 장사의 기본을 배웠다." 야채 하나 파는 데도 이런 수고로움을 선택하는 사람이 있다는 것에 놀랐다.

나에게 멘토는?

고수의 노하우를 빨리 배우기 위해 그들의 책을 읽고 강의를 듣고 개인 질문을 하며 얼굴도장을 찍은 후 뒤풀이까지 참석했다. 이런 노력이면 멘토 멘티 관계가 형성될 만도 한데 책에 나오는 '멘토를 만드는 방법'은 현실에서 대체로 맞지 않았다. 문제는 '이영석'만큼의 열정을 보이지도 않았거니와 '열심히'로 포장되어 쉽게 얻어 보려는 내면의 욕심이 드러났을 것이다. 인생의 멘토를 만나고 싶었지만 쉽지 않았던 어느 날, 우연히 오랜 인연에서 멘토를 발견하게 되었다.

　나에게는 멘토 K가 있다. 연예인급 진한 메이크업과 칼바람에도 흐트러지지 않게 고정된 헤어스타일. 화려한 겉모습과 유수한 입담은 수수한 나와는 전혀 어울리지 않는다. 처음에는 그저 유별난 보험설계사로 알고 지냈다. 알음알음 연결된 보험이 있었고 형편상 보험 해지가 필요한 상황이 되어 만남이 잦아졌다. 이런저런 얘기를 나누다 보니 화려한 겉모습 속에 감춰진 내면의 긍정 에너지를 발견하게 되었다. 아나운서에 버금가는 바른 표준어 사용과 정갈한 목소리, 범접하기 어려운 화려함, 불쑥 먼저 다가가는 자신감. 어떻게 그럴 수 있는지 궁금했다. 알고 보니 그분은 보험업계에서 전국적으로 능력을 인정받는 유명한 분이었다. 대부분 직장을 정리할 준비를 하는 시기인 50대 중반의 나이에 직업에 대한 넘치는 만족감으로 하루를 즐겁게 살아가는 사람. 내가 찾던 멘토는 멀리 있지 않았다.

　K는 부지런하게 도전하는 내가 대단하다며 오히려 칭찬을 아끼지 않았다. 자주 만나서 질문했고 배우고 싶다고 솔직히 말했다. 멘토와의 대화는 가족, 오랜 친구와의 만남과는 또 다른 즐거움이다. 워런 버핏과의 점심 식사 최곳값이 한화 약 57억 1,000만 원임에도 줄을 서는 그 마음을 충

분히 이해한다. K와의 만남에는 식사 값이 전혀 아깝지 않다. 식사 값 이상으로 나를 흔들어놓기 때문이다. 나만 도움을 받는 것 같아 매번 미안했는데 상대도 덩달아 기분 좋은 에너지를 받는다고 한다. 나의 열정이 상대에게 또 다른 에너지로 도움을 줄 수 있다니 그 또한 기분 좋은 일이다.

K는 오늘을 사는 마음가짐을 알려주었다. 그녀가 생각하는 것처럼 생각하려고 연습했다. 결과보다 과정을 즐기는 것. 1년의 계획을 잘 세우는 것보다 오늘 하루 계획을 잘 세우고 그대로 실천하는 것. 타인의 장점을 보려고 노력하고 칭찬해주는 것. 돈보다 사람이 우선임을 강조하는 것. 이다. 1년을 잘 보내는 것은 어려워도 오늘 하루를 잘 보내는 것은 할 만했다. 잘 보낸 하루가 켜켜이 쌓이니 한 달을 잘 보내게 됐다. 부족하고 안 되는 사람에서 작은 성공 경험의 축적으로 매일 기분이 좋아지기 시작했다. 내가 멘토에게 배운 가장 큰 깨달음이자 성과이다.

내가 생각하는 좋은 멘토는 이렇다. 첫째, 되도록 주변에서 찾을 것을 추천한다. 인간적인 면모를 지켜볼 수 있어야 하기 때문이다.

둘째, 습관이나 삶의 메시지를 반복적으로 접할 수 있어야 한다. 매일 물드는 부정적 습관을 세수하듯 깨끗이 씻어내고 그 자리에 긍정적 마인드를 심는 데 도움을 줄 수 있는 사람이어야 한다. 명언이나 오늘의 긍정 선언 같은 내용을 서로 주고받으며 상호 소통하는 것이 좋다.

셋째, 멘토를 무조건 수용하기보다 의심이 들 때 물어볼 수 있어야 하고 나의 의심을 진지하게 들어주어야 한다. 대화를 통해 나의 생각과 행동이 멘토와 어떻게 다른지 비교하고 배워나갈 수 있을 것. 그래야 더 깊이 이해하고 서로 발전할 수 있다.

넷째, 직접 만나기 힘든 경우 배우고자 하는 목적에 따라 책이나 온라인 커뮤니티에서 찾을 수도 있다. 그러나 직접 대면하여 느끼는 미묘한 감정을 접할 수 없는 점은 아쉬움이 있다.

나는 누구의 멘토인가

훌륭한 멘토는 최고의 성과를 이룬 사람이기도 하지만 가까이에서 지켜봤을 때 인품이 훌륭한 사람이다. 성과만 좋은 사람은 자칫 도움을 주기는커녕 구렁텅이에 빠뜨릴 수도 있다. 최고의 고수보다 한두 걸음 바로 앞에 있는 사람이 나를 바꾸는 데 훨씬 더 많은 도움이 된다. 멘토는 사고나 행동의 변화를 가져다주는 사람이다. 또한 변화된 행동을 유지하는 데 도움을 주는 사람이다. 내가 만난 멘토는 부자이지만 과소비하지 않고 누구보다 자신의 일을 사랑하고 즐긴다. 소중한 경험을 베풀고 나누고자 노력한다. 어려움을 자연스럽게 받아들이고 성장의 거름으로 생각한다. 이야기에 감동이 있고 배울 점이 있다. 과거보다 미래를, 미래보다 현재를 중시한다. 나는, 우리는 누구에게 도움을 주는 인생의 멘토가 될 수 있을까.

나에게 힘이 되는 책 속 한 문장을 기록해보세요.

불광불급

경제경영/이윤환/라온북/2017

250만 원 빚으로 시작해 300억 원대 병원 경영자가 된 월급쟁이 물리치료사의 이야기를 담은 책. 늙어가는 부모님과 언젠가는 남의 힘을 빌려야 하는 우리의 미래 모습을 생각하며 요양병원이라는 곳을 주의 깊게 들여다 볼 수 있다. 흔히 생의 마지막 즈음 몸이 불편해지면 '죽으러 가는 곳'이라는 인식을 하고 있는 요양병원, 주변에서 흔히 볼 수 있지만 나와 관계없는 곳이라며 관심을 두지 않은 그곳은 어떤 곳이며 어떻게 운영되고 있는지 알 수 있다. 환자 최우선 의료 정책 '존엄 케어'를 통해 누워서 입원했다가 걸어서 퇴원하는 병원을 표방하는 요양병원의 설립에서 운영 방법, 경영철학, 성공에 관한 이야기를 담백하게 풀어간다.

02

부캐로 적응하기 : 나도 N잡러

참고 버텨라. 그 고통은 차츰차츰 너에게 좋은 것으로 변할 것이다.

- 오비디우스 -

부모님은 한 직장에서 30년 넘게 일하고 정년 퇴직하셨다. 80년대 산업 고도화 시대에 대기업에 다닐 수 있었고 그 덕에 퇴직하는 날 순금 공로패까지 받으셨다. 그게 15년 전이다. 그때 나는 사회 초년생으로 모든 것이 낯설었다. 엄마로서, 며느리로서, 아내로서, 직장인으로서 하루 종일 허둥지둥하느라 그 순금 공로패가 어떤 의미인지 알지 못했다. 입사하면 당연히 정년까지 다니는 것이고 퇴직하면 누구나 받는 거라고만 생각했다. 더욱이 배우지 못한 이유로 몸으로 때워야 하는 최말단 현장 노동자로 보낸 수십 년의 시간들을 이해하지 못했다. 내가 근 20년 직장생활을 가까스로 연명하고 결국 뛰쳐나와 보니 30년이란 세월 속의 고단함과 설움을 버텨냈다는 것에 절로 고개가 숙여진다.

근로소득의 중요성

위드 코로나를 겪으며 물가상승률은 역대 최대치를 기록하고 있다. 부동산 가격은 일해서 버는 돈이 하찮게 느껴질 정도이다. 열심히 일했으나 '벼락 거지'가 되는 세상이다. 서점에는 각종 투자 관련 책이 즐비하다. 재테크 도서의 바이블로 불리는『부자 아빠 가난한 아빠』의 로버트 기요사키는 근로소득만을 강조하는 자신의 아버지와 사업소득과 자본소득을 활용해 부를 증식했던 친구 아버지를 예로 들며 근로소득보다는 자본소득과 사업소득을 강조했다. 3가지 소득을 모두 창출해본 나는 그 중 근로소득의 중요성을 누구보다 잘 알고 있다. 따박따박 들어오는 월급의 힘은 생각보다 강하다. 회사의 제도적 장치는 나와 내 가정을 보호하는 데 그 어떤 것보다 큰 역할을 한다.

하나은행 하나금융경영연구소가 발표한「2022 한국 부자 보고서」에 따르면 영리치의 자산 형성 원천 1순위는 근로소득(45%)이고 뒤이어 사업소득(23%), 상속·증여(18%), 재산소득(15%) 순이었다. 근로소득만으로 부자가 되기 어려운 건 사실이나 그것은 액수를 떠나 삶의 근간이자 모든 소득의 밑바탕이며 재테크의 기본이 된다. 안정적인 직장이라면 근로소득과 현명한 저축만으로도 충분히 행복한 생활을 누릴 수 있다. 직장의 소중함은 두말하면 잔소리다. 이왕 다녀야 한다면 '즐겁게'는 아니더라도 스스로를 갉아먹는 '불행한' 상황만은 피해야 한다.

나도 N잡러

『사이드 프로젝트 100』이나 『나의 첫 사이드 프로젝트』와 같은 책은 본업을 유지하면서 본업 외에 재미도 있고 잘하고도 싶은 일을 하는 새로운 라이프 스타일에 대한 내용이다. 부캐를 만들어 꿈꾸던 삶을 살아보는 것이다. 부캐란 '부 캐릭터'를 뜻하는 것으로 자신이 사용하는 주요 캐릭터 외의 캐릭터를 일컫는다. 현재의 직업이 주는 안정적 수익은 지키면서 부캐를 실현한 경험과 노하우를 바탕으로 다양한 사이드 프로젝터들의 인터뷰가 수록되어 있다. 잘 키운 부캐는 퇴직 후 본업으로 연결될 수도 있다. 예능인 유재석은 부캐 '유산슬'로, 김신영은 '둘째이모 김다비'로 사이드 캐릭터를 확고히 했다. 퇴근 후 스마트 스토어 등 온라인 쇼핑몰 사업을 통한 제2의 직업으로 부수입을 올리는 사람 또한 흔하게 볼 수 있다.

퇴사가 답인가

『버티고 있어도 당신은 슈퍼스타』에서 저자 권수호는 그만두고 싶지만 그만둘 수 없는 당신에게, 버티며 사는 일상의 소중한 이야기를 전한다. 이 책은 정신줄을 놓고 살던 40대 평범한 직장인의 현실 에세이다. 그는 이렇게 말한다. "그만두지 않아도 행복할 수 있다. 수많은 자기 계발서와 강연가들이 '제발 당신이 좋아하는 일을 하세요!'라며 등을 떠밀지만, 그것이 버티기 한판을 시도하고 있는 당신이 잘못되었음을 의미하지는 않는다. 가만히 앉아 무기력하게 버티며 에너지만 축내려 하지 말고, 나를 즐겁게 만드는 것들을 찾아보자."라고. 저자는 하루를 버티기 위해 글을 썼고 달리기를 했으며 회사에 지친 자신을 돌봐왔던 경험을 유쾌하게 들려준다.

책을 뒤적이다 보면 내 속에 들어왔다 나간 것처럼 마음을 들었다 놨다 하는 책들이 있다. 이런 책들을 발견할 때 희열을 느낀다. 이것이 책의 위력이 아닐까. 퇴사하기 전 이런 책을 읽었더라면 결과가 달라졌을 수도 있겠다 싶을 정도로 솔직하고 진솔한 메시지를 담고 있다. 어떤 주제라도 파고들기만 하면 삶의 대안을 찾을 수 있다. 그중 나에게 가장 영감을 주는 저자와 긍정적으로 소통하면 잘 읽어낸 것이다. 그 어떤 독서법도 이보다 훌륭할 수는 없다.

'퇴사'가 시대의 화두가 되었다. 그럼에도 불구하고 나는 부모님이 그랬듯이 버티는 삶 또한 의미가 있고 버팀에 따른 깨달음이 있다고 생각한다. 직장은 직장일 뿐이라는 가벼운 마음으로 삶의 의미를 찾아보자. 직장에 소속된 나와 직장 밖 나를 '부캐' 삼아 그 사이에 균형을 잡는 것이다. 그렇게 한해 두해 적응하다 보면 또 다른 기회가 생기고 내가 선택할 수 있는 부분이 조금씩 많아진다. 시작은 수동적이지만 어느새 능동적인 삶을 살게 된다. 나를 배려하고 나에게 충실하여 스스로를 인정할 때 일과 성장이라는 두 마리 토끼를 잡을 수 있다.

인생 리뉴얼 독서

나에게 힘이 되는 책 속 한 문장을 기록해보세요.

버티고 있어도 당신은 슈퍼스타

권수호/ 드림셀러/ 2022

카카오 브런치 인기 작가의 신작으로 그만두고 싶지만 그만둘 수 없는 어느 직장인의 존버 에세이. 버티는 방법 외에 어떤 선택도 할 수 없는 이들에게 어떠한 마음으로 견뎌낼 수 있는지 자신의 경험담을 생생하게 기록한 경험을 담았다. 퇴사만이 답이 아니라 벗어나고 픈 환경에서 내 콘텐츠를 만들려고 노력하고 그 이면의 행복을 찾아 성장을 놓치지 않는 이야기와 방법들이 기록되어 있다. 퇴사가 망설여질 때나 퇴사 전 읽으면 좋은 책이다.

03

그래도 힘들다면 다른 길도 있다

배가 항구에 있어 가장 안전하지만 그것이 배의 존재 이유는 아니다.

– 요한 볼프강 폰 괴테 –

직장을 그만두어야겠다는 생각을 5년 이상 품고 다녔다. 가까운 사람들에게 5년 후에 그만둘 거라 했더니 "그렇게 한 해 두 해 다니다 보면 정년이 되더라."라며 어렵게 뱉어난 속내를 너무 쉽게 씹어 삼키는 통에 말하기를 그만두었다. 두려웠다. 끝날 것만 같고 망할 것만 같고 내가 사라질 것 같았다. 먼저 큰소리치고 직장을 나갔던 사람들은 몇 년이 채 지나지 않아 다시 돌아왔으나 예전의 정규직 자리는 없었다. '밖은 지옥'이라는 〈미생〉의 대사처럼 지옥에서 살아남기 힘들다는 것을 간접적으로 경험했다. 그럼에도 나는 죽을지도 모르는 그 지옥에 발을 디디고야 말았다.

　나름의 계획이 있었지만 생각대로 되지 않았다. 단단한 보호막이 벗겨졌으니 이곳저곳 크고 작은 상처가 났다. 처음 겪는 일인데다 인맥이 부족해 마땅히 물어볼 곳도 없어 앞이 캄캄했다. 아무것도 보이지 않아 무서웠다. 내가 선택했지만 계속 가야 할지 여기서 멈춰야 할지 갈피를 잡지 못했다. 나는 두려웠다.

　『이 한마디가 나를 살렸다』에서 김미경은 두려움에 관해, 사람들은 '자신 있어!' 하고 자신감을 선택하면 두려움이 사라지고 자신감이 생기는 줄 착각하고 있다며 '두려움 자루'에 대해 이렇게 말한다.

　'뭔가 이뤄냈다'는 사람들을 만나면서 깨달은 비밀은
　한 명도 빠짐없이 그들도 '두려워했다'는 거예요.
　그렇다면 그들은 두려움을 어떻게 처리했을까요?
　두려움을 자루에 넣어 어깨에 짊어지고
　한 걸음 내딛습니다.
　두려움 자루를 그냥 어깨에 툭 걸치고
　힘들지만 한 발 한 발 나아가는 거예요.

그런데 이 두려움 자루에는 희망의 비밀이 하나 숨겨져 있습니다.

아주 작은 구멍이 하나 나 있어요.

그래서 지고 걸어가면 갈수록 그 안에 담긴 두려움이

나도 모르는 사이에 조금씩 술술 빠져나가요.

그렇게 걷고 또 걷다가 뒤를 돌아보면요,

나는 어느새 이만큼 걸어왔고, 두려움 자루는 가벼워져 있어요.

그러니 우리 스스로에게

"자신이 있니, 없니?" 묻지 말고

두려움 자루를 지고 그냥 걸어가 봐요.

두려움과 자신감은 다른 얼굴을 가진 한 몸이다.

두려움 자루를 떨쳐내려고 부단히도 애쓰던 나에게 그냥 짊어지고 가면 조금씩 가벼워진다는 말이 큰 위로가 되었다. 두려움과 자신감의 관계는 하나를 버리고 하나만 선택하는 것이 아니라 늘 같이 가는 동반자라는 것, 피하려고 할수록 찰떡같이 달라붙어 좀처럼 떨어지지 않는다는 것, 함께 가면 어느 순간 가벼워진다는 것. 그렇지만 얼마 안 가 또 다른 모습의 두려움으로 찾아온다는 것도 알게 되었다. 갈등이 생기면 받아들이고 해결을 해 나가는 과정을 반복할 뿐이다. 그렇게 나는 여전히 조금씩 배우며 익어가고 있다.

『대기업 그만두고 북 카페 차렸습니다』의 술딴님, 『FIRE』의 강환국님, 『공무원이었습니다만』의 진고로호님. 이분들은 모두 대기업이나 공공기관에 근무하다 퇴사 후 원하는 일을 하며 파이어족으로 지내는 분들이다. 남들이 부러워하는 직장을 그만두기까지의 갈등과 그 후의 삶을 책으로 펴냈다. 모두 실력 있고 유능하신 분들이라 지금의 결과가 가능했을 수도 있겠다. 하지만 나 같은 지극히 평범한 사람도 공무원 그만두고 공유 오피스를 운영하며 망하지 않고 나름 파이어 생활을 하고 있으니 쉽지는 않으나 절대적으로 어려운 일이 아님은 확실하다. 아마 능력보다 더 필요한 것은 해 보겠다는 용기가 아닐까 싶다.

퇴사 전 생각해야 할 것들

퇴사의 이유는 '나'여야 한다. 상사가…, 환경이…, 조건이…, 동료가…, 이러한 외적 요인보다 시간만 때우며 의미 없는 날들을 보내고 있는 나를 발견할 때, 그런 나를 용서할 수 없을 때 다른 길을 생각해봐도 괜찮다. 마음을 먹었다면 회사라는 전쟁터 안에서 충분히 무장해야 한다. 그래야 준비한 것들이 지옥에서 반도 먹히지 않는다는 것을 알았을 때 덜 흔들리고 덜 방황하게 된다. 퇴직금으로 섣불리 투자하면 망할 수도 있다. 부동산의 경우 그 장소에 한 번도 가보지 않았거나 주변 부동산 중개소에 들러 한 번도 시세를 물어보지 않는 묻지 마 투자는 망한다. 사업의 경우 평소에 전혀 생각하지 않았던 업종이 돈이 된다 하여 덥석 잡을 경우 실패할 확률이 높다. 돈 공부를 하되 자신만의 기준이 설 때까지 견주어 보는 시간이 필요하다. 퇴사를 할 때도, 투자를 할 때도 조바심이 날 때면 한 번 쉬어가야 할 타이밍이다.

『삶은 어떻게 책이 되는가』에서 저자 임승수는 우리 삶의 두 축인 돈과 시간에 대해 이렇게 말한다. "대부분의 사람이 직업을 '돈'이라는 관점에서만 볼 때, 나는 직업을 '시간'이라는 관점에서 본 것이다. 시간이라는 관점에서 직업을 바라보면 돈이라는 관점에서만 봤을 때는 놓치는 것을 보게 된다. 더 많은 돈을 버는 것과 더 행복한 시간을 사는 것. 이것은 분명 사소한 차이가 아니다. 얼마나 놀라운 관점의 전환인가? 때로는 관점의 전환 하나 때문에 돈보다 행복한 시간을 추구하면서 한 사람의 삶이 근본적으로 달라지기도 한다. 나처럼.

나 역시 퇴사 후 삶의 기준을 돈에서 시간으로 바꾼 후 비로소 마음의 여유가 생기기 시작했다. 책 쓰기의 재미에 흠뻑 빠져 이렇게 종이책도 집필하고 있다. 앞으로는 독서 모임을 좀 더 내실 있게 운영하여 다양한 사람들을 만나볼 생각이다. 예전처럼 돈에 집착했다면 모두 '돈 안 되는' 쓸데없는 행동들이다. 더 많이 벌겠다는 욕심을 내려놓고 더 행복한 시간을 택했더니 정말 더 행복해졌다. 하고 싶은 일만 하기에도 시간이 모자란다. 하기 싫은 일에 에너지를 뺏기기에 내 삶은 너무 소중하다. 힘들어서 자꾸만 내가 사라진다면, 그 힘듦이 아무런 의미가 없다면 다른 길도 충분히 있다. 지옥에서 더 깊은 낭떠러지로 떨어질 것같지만 우리는 그렇게 나약하지 않다. 많은 사람들이 증명해 내고 있지 않은가.

나에게 힘이 되는 책 속 한 문장을 기록해보세요.

이 한마디가 나를 살렸다

김미경/21세기북스/2020

저자는 이미 잘나가는 범접할 수 없는 이 시대 최고의 국민 멘토이다. 하는 일마다 다 잘될 것 같지만 지금의 자리에 있기까지 어떠한 생각과 마음가짐이었는지, 알고 보면 사람 다르지 않구나 싶다. 각자의 삶을 살아가는 데 힘겨운 순간, 못 넘을 것 같은 산, 이러지도 저러지도 못 하는 상황 앞에서 이미 경험한 옆집 언니가 들려주는 토닥임 같은 책. 너무 지쳐 누군가의 위로와 조언이 필요할 때 영양제처럼 읽는 책이다. 한 문장씩 새겨 읽으며 다시 마음을 다잡고 방법을 찾아가면 되지 않을까.

04

직장에서 평생 직업 구하기

20년 후 당신은 했던 일보다 하지 않았던 일을 더 후회할 것이다.
그러니 마음껏 탐험하고, 꿈꾸고, 발견하라.

– 마크 트웨인 –

나는 현재 직장이 없다. 대신 직업은 많다. 직장에 다닐 때는 사람들이 "무슨 일 하세요?" 물어보면 명사형으로 간단하게 얘기해도 다 알아들었다. 요즘은 간단하게 대답할 수도 없거니와 길게 설명하기도 귀찮다. 한 번 얘기하면 찰떡같이 알아주는 직장이 있으면 부수적 설명 없이도 그 자체로 인정받는다. 그 사람이 무슨 일을 하든 회사 이름 하나만으로 배우자감 1순위다. 남편이나 아내를 잘 둔 능력자가 되고 아이들에게는 상당히 떳떳한 부모가 된다. 이렇게 직장의 힘은 세다. 우리 때도 그랬지만 지금까지도 청년들은 좋은 직장에 취업하기 위해 초등학교 때부터 훈련

받는 이유이기도 하다.

그러나 직장의 개념이 서서히 변하고 있다. 대기업이나 공무원을 꿈꾸지만 희망자 중 대부분은 취업에 실패하게 되어 있다. 수년을 준비하여 힘들게 입사하더라도 여러 가지 이유로 퇴사하는 경우도 많다. 평생직장은 옛말이 되었고 이직은 잦아졌으며 회사는 경제활동을 위한 수단에 불과하다. 사람들은 직장에 다니면서 평생직업에 대해 고민하기 시작했다. 2개 이상의 직업을 가진 'N-잡러', 직장이라는 장소에 얽매이지 않는 '디지털 노마드(Digital Nomad)'와 같은 다양한 직업을 가진 사람들을 쉽게 찾을 수 있다. 또한 '퇴사학교'는 직장인들이 미래의 평생 직업을 찾는데 함께 고민하고 참여할 수 있도록 다양한 프로그램을 제공하여 도움을 준다.

직장인의 시선
메리츠 자산운용의 대표 존 리는 말한다.

"사람들이 나에게 물어요. 커피 값까지 아껴가며 저축하고 투자해 평생 돈만 모으다가 죽으면 그 돈 다 싸 들고 갈 거냐고요. 그런데 그렇게 물어보는 사람 중에 부자인 사람은 한 명도 없어요. 애초 부자가 될 생각이 없는 사람이 저축하고 투자하기 싫은 핑곗거리를 만드는 거예요. 그 질문은 부자가 된 다음에 생각할 문제예요."

수백억 자산가를 두고 사람들은 말한다. 저렇게 돈이 많으면서도 더 많은 돈을 벌려고 일하는 데 혈안이 되어 있다고, 나는 그렇게 살기 싫다고.

그 사람들은 오직 직장인의 시선으로만 보고 판단한다. '일은 곧 돈 벌기'라는 단순한 생각에서 벗어나지 못한다. 자산가들이 단순히 돈을 벌기 위해 일하는 것이 아니라는 사실을 미처 생각지 못한다. 방송인 유재석이 20년 넘게 하루하루 최선을 다해 일하는 것이 과연 돈을 더 벌기 위해서일까. 그들은 돈의 임계점을 넘어 일 자체를 즐기고 도전의 쾌감을 누리는 것이다. 그들이 가진 돈은 남들이 두려워서 피해왔던 도전을 용기와 노력으로 이겨낸 결과물일 뿐이다.

나는 1인 기업을 운영하고 있다. 대표도 직원도 혼자다. 월급을 주는 사람도 '나'이고 받는 사람도 '나'이다. 회사의 실적에 따라 월급을 올리기도 하도 낮추기도 한다. 수익은 주로 부동산에서 나오는 월세나 공유 오피스 사업에서 발생하지만 수입과 별개로 해보고 싶었던 일을 계속 시도

하고 있다. 1년 만에 폐업한 업종(온라인 쇼핑몰)도 있고 2호점까지 확장한 업종(공유 오피스)도 있으며 새로 도전하는 업종(작가, 강사)도 있다. 때때로 전직을 활용해 휴직한 선생님의 빈자리를 채우는 기간제 교사로 일하기도 하고 프리랜서 온라인 마켓 '크몽'에 '지방에 적합한 공유 오피스 창업 가이드 전자책'을 판매하기도 한다. 이러한 활동은 수익이 많지 않지만 계속 도전함으로써 새로운 파이프라인을 만들어 낸 결과다. 앞으로도 할 일은 무수히 많다. 실패와 도전 사이에서 돈보다 더 소중한 가치가 있다는 것을 깊이 깨달았다. 해본 자만이 느낄 수 있다.

이제 창업의 시대

우리는 평생 한 번은 창업이나 창직을 해야 하는 시대에 살고 있다. 『퇴근 후 2시간』의 저자 정기룡은 "퇴직 준비는 최소한 퇴직하기 10년 전부터 시작하라"고 조언한다. 그 10년 동안 자신의 적성과 스타일을 객관적으로 파악하고, 파악한 내용에 대해 실습까지 병행해 보아야만 비로소 순조롭게 퇴직 후의 사회로 나아갈 수 있다는 것이다. 그는 "퇴근 후 두 시간 동안 무엇을 하면 좋을까요?"라는 질문에 대해, 자신의 일을 갖기 원한다면 이왕이면 현재 자기가 하고 있는 일, 다니고 있는 직장과 관련 있는 분야에서 일을 찾되, 거기서 한 걸음 더 나아가 자신을 업그레이드할 수 있는 일을 배우라고 권한다.

현실의 장벽

동기 모임에서 J가 불평을 한다. 업무에 좀 더 전문적인 방법을 배우고 싶은데 회사에서 지원이 열악하다고 했다. 상대적으로 교육 기회가 많은 경쟁 기업의 직원들과 자신의 실력이 점점 차이가 난다고 회사를 나무란다. 회사의 지원 없이 개인적으로 공부하기에는 여러 가지 제약이 많아 불가능하단다. 나의 성장을 위해서는 따로 돈과 시간을 내어 교육을 듣거나 실습을 해 봐야 하는데 주중 저녁은 피곤하고 주말에는 가족과 보내야 한다. 현실에서 쉽지 않다는 것을 안다. 당장 필요한 것도 아니고 정작 도움이 될까 의심도 든다. 적당한 월급을 받고 있고, 능력이 쇠퇴하더라도 크게 불편하지 않다. J는 결국 할 수 없다고 결론 내린다.

직장인의 가장 큰 적은 새로운 일에 도전하지 않는 것이고 위험지대로 발 들이지 않는 것이다. 좋은 직장에 다닐수록 간절함은 덜하다. 환경이 주는 편안함이라 이해는 가지만 내 인생을 두고 남 일 보는 듯하는 무관심이 때로는 안타깝다. 데일 카네기 이론에서는 이런 심리 상태를 '안전지대'로 규정한다. "안전지대란 '우리가 살고 있는 정신적 거주지'로, 현재 상황이 편안하기 때문에 이를 벗어나기 싫어하는 심리를 말한다. 그것이 자신의 미래 가능성을 좀먹는 것이라는 사실을 알지만 안전이라는 달콤함에 빠져서 서서히 길들어가는" 것이다.

직장은 잠시 머물렀다 가는 곳이다. 신호가 바뀌면 무조건 떠나야 한 다. 운전대를 어느 방향으로 돌릴지 미리 생각해두어야 사고 없이 안전 하게 나갈 수 있다. 직장은 나의 전부가 아니다. 퇴직 후 목적지 없이 여 기저기 기웃거리는 삶보다 이제라도 잊고 살았던 내 안의 본능을 찾아보 는 것은 어떨까. 현실의 벽에 부딪혀 어려운 상황일 수도 있다. 생활비가 앞을 가로막을 수도 있다. 그러나 길어야 100년, 인생에 한 번은 꿈꾸는 대로 살아봐야 하지 않은가. 퇴직 후 같은 직장에 경비원으로 취업해 과 거 부하 직원들을 불편하게 만드는 일은 범하지 않길 바란다. 직장에 있 을 때 직업을 준비해야 하는 이유이다. 지금도 늦지 않았다.

인생 리뉴얼 독서

나에게 힘이 되는 책 속 한 문장을 기록해보세요.

더 잘하고 싶어서, 더 잘 살고 싶어서

양경민/빅피시/2022

사람들은 목표를 향해 매일 새로운 것에 시도하고 좌절하며 다시 일어나고 쓰러지기를 무수히 반복한다. 아무것도 하지 않아도 가진 것만으로도 편하게 살 수 있을 텐데 왜 스스로를 가만두지 못하는 걸까. 저자는 한마디로 정리한다. "더 잘하고 싶어서, 더 잘 살고 싶어서." 더 잘하고 더 잘 살고 싶은 사람들에게 항상 따라다니는 불안과 걱정, 곱지 않은 타인의 시선에 대해 그런 당신이 한 행동이 허튼짓이 아니라고 공감해주는 글 토크의 에세이. 인생이 마음대로 굴러가지 않는다고 생각되는 날에 산책하듯 가볍게 읽기 좋은 책. 누군가와 몇 시간 대화한 듯 마음이 가벼워질 것이다.

05

정답은 책이 아닌 내 안에 있다

저는 미래가 어떻게 전개될지는 모르지만 누가 그 미래를 결정하는지는 압니다.

– 오프라 윈프리 –

사서직 공무원 시험 문제를 출제한 적이 있다. 열흘 넘게 폐교에 감금되어 오로지 문제를 내고 확인하는 작업만 했다. 공무원 시험에 여러 번 응시한 경험은 있지만, 출제는 처음이라 많이 긴장되고 신경이 바짝 쓰였다. 기본서와 기출문제를 낱낱이 분석했다. 문제와 보기의 분량을 적절히 맞추고 변별력을 위해 난이도를 상, 중, 하로 조절했다. 출제한 문제에 이상은 없는지 제출 직전까지 확인 또 확인했다. 그때 알았다. 가장 훌륭한 공부 방법은 스스로 질문을 내어 답을 해 보는 것임을.

내 안의 강력한 힘

누구나 내 인생에 주체가 되어 최선을 다해 살고 있음에도 우리는 혼란하다. 그때마다 책은 '답은 내 안에 있다'는 피상적인 조언을 하지만 현실에 적용하기는 어렵다. 그만큼 기운 빠지는 말도 없다. 별로 가진 것도 없는데 내 안에 있다니, 허망한 철학 놀음 같기도 하다. 그러나 이런 경험 한 번쯤은 있지 않나? 복잡한 사건들이 한꺼번에 몰려올 때, 해결의 실마리를 어떻게 풀어야 할지 갈피를 잡지 못할 때 지인에게 내 처지를 하소연한다. 한참을 쉴 때 없이 떠들고 나면 그 와중에 실타래가 풀려 있다. 가만히 듣고 있던 지인은 혼자서 쇼를 하냐며 핀잔을 주기도 한다. 뭔가 대단한 것을 가지고 있어서가 아니라 내 상황과 가치관에 맞게 정리가 된 것이다. 내 안에 답이 있다는 말은 마냥 허무맹랑한 표현은 아니다.

정답 콤플렉스라는 말이 있다. 『인생의 답은 내 안에 있다』에서 저자 김이섭은 말한다.

"우리나라는 전 세계에서 가장 많은 문제를 푸는 '문제 풀이 국가'이며, 대학입시 준비과정에서 약 100만 개의 문제를 푼다. 그런데 문제가 왜 문제가 되는지는 중요하지 않다. 문제에 대한 답을 찾으면 그만이다. 그러니 어디서도 문제에 대한 문제의식을 찾아보기는 힘들다. 정답은 내가 원하는 답이 아니라 이미 정해진 답이다. 문제를 푸는 행위는 주어진 경우의 수 가운데 하나를 고르는 것이다. 그런데 내가 사유하고 고민한 끝에 애써 찾아낸 답이 정답과 다를 때가 있다."

내 안에 답을 가지고 있다

인생도 공무원 시험 문제처럼 정답이 정해져 있으면 좋으련만 그렇지 않다. 사실 대부분의 사람은 문제가 정확히 무엇인지조차 인식하지 못한다. 그렇기에 답을 내릴 수도 없다. 나의 기준 없이 남이 정해준 문제에 기껏 답을 해보지만 확신이 없어 우왕좌왕한다. 내 답이 정답일 수도 있지만, 누군가에게는 오답이 될 수도 있다. 가는 길에 물웅덩이를 만난 것은 실패가 아니고 기회일 수 있고 예쁜 카페를 발견한 건 다행일 수도 불행일 수도 있다. 똑같은 경험에 누구는 실패라 하고 누구는 성공으로 가는 과정이라 한다.

인생은 선택의 연속이다. 정보가 넘쳐나는 오늘날 우리는 선택하기가 더 힘들어졌다. 몇 년간 먹방이 대세더니 이제는 소식좌가 관심을 받는다. 부자를 선망해 돈 버는 그들의 방식을 좇다가 이제는 안 벌고 안 쓰겠다는 사람들이 점차 늘고 있다. 이러한 다양한 관점 속에서 나만의 견해를 가지고 행동한다는 것은 어려운 일이다. 식사 메뉴를 결정하는 간단한 선택도 옆 사람에게 미루기 일쑤다. 책임과 비난으로부터 자유로울 수 있기 때문이다. 그러나 점심 메뉴의 선택은 남에게 미룰 수 있어도 내 인생까지 남에게 맡길 수는 없는 노릇 아닌가.

가장 '나'다울 때 빛나는 나

내 안의 답을 찾기 위해 우선 나다움을 찾아야 한다. 누구나 한 가지 재능은 타고난다고 한다. 자신의 재능과 관련된 일을 하는 사람은 행복하다. 그러나 대부분 발견하지 못한다. 재능은 남들보다 월등히 뛰어난 어떤 것이라는 착각 때문에 더 그렇다. 보통 사람이 재능을 발견하는 기준은 뛰어나게 좋아하는 것은 아니지만 싫지 않은 것, 오랫동안 유지하는 게 크게 어렵지 않은 것. 당장 큰 성과가 없더라도 마음에서 밀어내지 않는 것, 그 힘으로 오래 버틸 수 있는 것 정도에서 찾아볼 수 있다. 힘들지만 계속할 수 있고 고비를 겪고 나면 자신감이 차올라 나름 뿌듯한 것이 분명 있을 것이다. 재능의 발견은 버틸 수 있는 것의 발견이다. 그 다음은 의도한 연습을 매일 하는 것, 스승이나 멘토에게 점검받는 것, 그것을 행하는 것이다.

사람들은 저마다 희망이 있고 오래도록 바라는 꿈이 있다. 꿈을 그리는 사람은 그 꿈을 닮아간다고 한다. 영원히 꿈에 머무르며 바라만 볼 것인지 현실로 데려와 가까이할 것인지는 나의 선택이다.

"흑인이었다. 사생아였다. 가난했다. 뚱뚱했다. 미혼모였다. 그래서? 그게 뭐 어쨌다고?"

원하는 대로 되는 게 아니라 믿는 대로 되는 것이라는 오프라 윈프리의 말처럼 나에게 믿음을 주는 사람은 오직 자신뿐이다. 내 몸속에 흐르는 질문은 무엇인가? 또한 나만의 답은 무엇인가? 우리는 오늘도 꿈에 한 발짝 다가가기 위한 질문을 던지고 내 안에서 잘 버무려진 나만의 답을 찾고 있다.

나에게 힘이 되는 책 속 한 문장을 기록해보세요.

책 한번 써 봅시다

장강명/한겨레출판/2020

소설가 장강명의 책 쓰기 안내서. 예비 작가 또는 작가가 아니더라도 칼럼이나 브런치 등 SNS 글쓰기를 제대로 해보고 싶은 이들을 위한 가이드를 제시한다. 책 쓰기 프로그램에 참여하는 것도 좋지만 글쓰기는 배움을 넘어 결국 스스로 깨우쳐야 한다. 그런 과정에서 쓴다는 것에 대한 개념 정립에 도움 되는 책. 책을 쓰기 전 초보 작가의 마음에 발생하는 갖가지 욕망이나 두려움을 풀어줌과 동시에 장르별 쓰는 노하우가 실려 있다.

06

어제와 다른 오늘

더 좋은 날들은 지금부터다.

- PD 주철환 -

　반복되는 일상은 공허하다. 사람들은 공허한 마음을 채우기 위해 일상에 없었던 새로운 물건을 사고 새로운 곳을 가고 새로운 음식을 먹는다. 이러한 경험을 SNS에 올리고 서로 경쟁하듯 새로운 것 찾기 게임을 한다. 그리고 다시 일상으로 돌아오기 위해 큰 숨 한 번 내쉬고 마음을 다잡는다. 자세히 들여다보면 오늘의 나는 어제의 나와 같지 않다. 매일 보는 아이들의 키가 오랜만에 보는 누군가의 시선에서는 훌쩍 커 있듯이 매일 만나는 내가 같은 사람으로 느껴질 뿐이다. 오늘의 나는 몸의 세포가 재생되었고 새로운 피가 흐르고 미세하게 주름이 깊어졌으며 빠진 머리카락 자리에 새 머리카락이 돋고 있다. 창밖에 보이는 항상 그 자리에 서 있는 저 나무도 새 잎으로 갈아입었거나 갈아입기 위한 나름의 상호 작용을 하고 있다. 아침의 뜨거웠던 바람은 저녁이면 보들보들해져 내 뺨을 스친다. 세상 모든 살아 있는 것은 어제와 다르다.

이제는 성장의 시대

'트렌드 코리아'가 선정한 2020년을 이끌 10대 키워드 중 하나는 성공보다 '성장'이다. 마냥 즐기는 것보다 열심히 사는 데 의미를 두는 업글 인간이 트렌드가 되었다. '업그레이드 인간'의 준말로 자신의 성장을 위해 노력하고 실천하는 자기 계발형 인간을 말한다. 주 52시간 근무제와 평생직장의 개념이 사라지면서 인생과 일에 대한 새로운 패러다임이 생겨난 것이다. 이들의 경쟁 상대는 타인이 아닌 어제의 나이다.

이를 위해 취미 영역에 시간과 비용을 투자한다. 오프라인 취미 플랫폼 '솜씨당'은 원데이 클래스를 중심으로 작가와 수강생을 연결해주는 사이트이다. 전국 공방을 운영하는 로컬 작가분들과 취미를 원하는 사람들을 손쉽게 연결하고 작가와 수강생이 모두 즐길 수 있는 서비스를 제공한다. 사이트에 들어가면 어떤 강좌들이 개설되어 있는지 일일이 찾지 않아도 한눈에 알 수 있다. '트레바리'는 지식 분야의 대표적인 독서 모임

커뮤니티로 독서 모임 운영자와 참여자를 연결하여 같이 읽고 쓰면서 의견을 나누는 독서 활동을 지원한다.

목표의 기준이 남이 아니라 작년의 내가 된 후로 좋은 날들을 즐길 수 있게 되었다. 누군가 일 년에 300권을 읽는데 나는 200권도 채 못 읽은 것에 대해 불안해하지 않는다. 놓친 100권의 아쉬움보다 채워진 200권의 이득이 훨씬 크다. 불행의 가장 큰 원인은 짧은 시간 안에 성과를 이루려는 마음이다. '이번 달 안에 5킬로그램 빼기, 6개월에 책 100권 읽기, 1년 안에 1억 만들기'와 같은 말로 치장한 유혹에 흔들리지 말았으면 한다. 행복은 시간적 여유를 갖고 꾸준히 실행하기. 힘들고 버거울 땐 포기하지 않고 잠시 쉬어가기. 어제보다 다른 나를 목표로 삼을 때 비로소 보이기 시작한다.

나이가 들면서 좋은 점은 포기할 부분을 놓을 수 있는 용기가 생긴다는 점이다. 모든 것을 다 가지려고 전전긍긍하면서 스스로를 고달프게 하거나 옥죄지 않는다. 하고 싶다고 모든 걸 할 수도 없을 뿐더러 그렇게 할 필요도 없다는 걸 깨달은 후 여유가 생겼다. 여유 있는 마음은 나에게, 더불어 타인에게 관대해진다. 이러한 생각의 변화는 '짧은 시간에 무엇을 얻을 수 있을까?'에서 '무엇을 얻으려면 충분한 시간이 필요해.'라는 가볍고도 소중한 진리를 몸소 깨달았기 때문이다. 결과보다 과정을 즐길 줄 알고 힘들어도 또 한 번 용기를 낼 수 있을 만큼 애정이 있는 일에 매진하길 바란다.

오늘은 나에게 처음 온 새로운 날이다. 어제와 같다고 느낄 뿐이다. 내가 할 수 있는 만큼 도전하고 성취할 수 있는 소중한 날이다. 새로움을 맞이하는 내 마음도 설렌다. 공허함의 자리는 없다. 새로운 물건과 새로운 장소가 더 이상 필요치 않다. 같은 물건, 같은 장소에서도 다르게 느끼는 생각과 소소한 삶의 변화, 평범함 속에 특별한 의미를 찾는 시선, 이것이 곧 진정한 소확행이 아닐까. 주철환 PD의 책 제목처럼 더 좋은 날들은 지금부터다.

나에게 힘이 되는 책 속 한 문장을 기록해보세요.

하마터면 열심히 살 뻔했다

하완/웅진지식하우스/2018

열심히 살지 말자면서 열심히 살자고 말하는 책. 무조건 열심히 살자는 것이 아니라 좋아하는 것에 의미를 부여하며 천천히 살자는 뜻이다. 영혼을 담을 수 있는 일을 할 때 삶이 얼마나 깊어지는지를 알 수 있다. 가장 열심히 살아본 자만이 이제 더 이상 열심히만 살지 않겠다고 자신 있게 말할 수 있는 여유가 보인다. 책장은 쉽게 넘어가지만 깊은 의미를 담고 있다.

07

필사 : 온몸으로 읽기

필사란, 극단적으로 느린 독서다.

– 소설가 김영하 –

한 권의 책을 내기 위해 필사를 시작했다. 지금까지의 독서는 한 발짝 뒤에서 구경하며 재미를 찾거나 필요에 따라 원하는 것을 얻기 위해 과자 속에 숨어 있는 별 사탕만 쏙쏙 빼어먹는 목적 지향적이었다. 소극적인 소비자에서 적극적인 생산자의 입장에 서니 단 한 줄 쓰는 것이 힘들었다. 어떤 말로 시작해서 어떻게 풀어야 할지, 마무리는 어떻게 해야 하며 무슨 말을 먼저하고 나중에 해야 할지 난감했다.

필사는 글쓰기의 기초 다지기

무슨 일이든지 처음 시작할 때나, 더 잘하고 싶을 때는 내 수준보다 한 단계 앞서 있는 대상을 정하여 따라 하는 방법이 가장 효과적이었다. 닮고 싶은 문체를 가진 작가를 찾아 글을 베끼기 시작했다. 짧은 시간에 글쓰기 능력을 높일 수 있는 속성 과외와 같다. 분량은 A4 한 장 정도면 적당하다. 글의 표현이나 구성을 천천히 곱씹으며 집중하려면 긴 분량은 오히려 집중력이 떨어진다.

전문가들은 펜으로 쓰는 것이 필사의 정석이라고 한다. 직접 해봤더니 손목에서 오는 통증과 펜의 사각거리는 소리가 집중을 방해했고 시간이 너무 오래 걸리는 통에 쉽게 지쳤다. 어색한 손 글씨는 포기하고 컴퓨터 타자로 연습하니 오히려 만족도가 높다.

필사할 때는 눈으로 읽음과 동시에 손으로 치는 행위를 같이 하는 것은 경계해야 한다. 한 문장씩 외워서 암기한 내용으로 자판을 치는 것이 좋다. 문장 중간쯤에 이르면 암기한 내용은 금세 잊고 어느새 평소 사용하던 나의 언어가 불쑥 튀어나온다. 머리가 나쁜 것인지 나이 탓인지는 모르겠다. 단어를 잊은 지점에서 책으로 돌아가 내용을 확인하여 암기한 후 다시 쓴다. '그때 작가는 이렇게 표현했구나' 하고 한 번 더 짚을 수 있

다. 동시에 평소 내가 쓰는 표현이 얼마나 반복적이고 협소한지 깨닫는
다.

세상을 바꾸는 창조는 모방에서 시작되었다고 한다. 모차르트와 베토
벤은 악보를 베꼈다. 2022년 밴 클라이번 국제 콩쿠르 우승자 피아니스
트 임윤찬은 한 인터뷰에서 말했다 "제가 잠을 자고 있는 곳은 한국이지
만 제 정신은 1900년도에 있었어요. 초등학교 2학년 때부터 쇼팽이 제
마음속에 항상 따라 다녔어요." 그는 리스트의 초절기교를 연주하면서
그 당시 리스트의 영혼과 마음에 온전히 몰입하기 위해 노력했다. 음악
평론가들은 그의 연주를 보며 리스트가 살아온 것 같다고 평했다. 작가
가 작품을 쓴 그 시대, 그 상황으로 들어가 몰입하는 것이 필사할 때 필
요한 마음가짐이다. 필사한 파일의 양이 늘수록 작가들의 고뇌한 시간들
이 존경스럽다.

이렇듯 필사도 목표가 있어야 한다. 필사가 좋다고 하여 아무 책이나
베껴 쓰면 팔만 아프고 시간만 아깝다. 내가 쓰고자 하는 장르와 같은 작
가의 글이 좋다. 나는 에세이를 쓰는데 신문 논설을 필사하면 목적과 방
법이 어긋나 효과가 덜하다. 필사는 온몸으로 읽는 독서 방법이다. 단순

히 멋진 표현을 따라 해서 나도 비슷하게 표현해보겠다는 표면적 수준을 넘어선 읽기 방법이다. 자료 조사 과정이나 문장 길이, 접속사의 쓰임 등 그 단어를 사용하여 글을 완성하기까지의 작가의 지난 시간을 느끼는 데 온 신경을 집중해야 한다. 베껴 적는 손끝에 집중하는 순간 텅 빈 머릿속에는 오늘 점심 메뉴 생각이 꿰차고 있을 것이다. '내가 왜 이걸 하고 있지?'라는 생각에 허탈하다. 그럴 바에야 차라리 책 한 줄 더 읽는 것이 남는 것이다. 자칫 베껴 쓰는 행위나 결과물에 위안 삼지 않길 바란다.

제대로 표현하기 위해

좋아하는 책을 필사하고 나면 바로 쓰고 싶은 충동이 인다. 첫 문장 쓰기조차 부담스러울 때 이동진의 블로그 글을 빠르게 필사한다. 그때를 놓치지 않고 즉시 쓰면 쓰기가 유연해진다. 영화 평론가 이동진은 중2 때 김승옥의 『무진기행』을 필사했다. 이동진의 글을 보면 블로그에 올린 일상의 가볍고 유쾌한 글과 영화 평론가로서 깊이를 알 수 없는 묵직한 칼럼, 에세이 단행본에서 느낄 수 있는 구체적이고 다양한 관점의 글은 한 사람의 작품이라고 믿기지 않을 만큼 단단하다. 이러한 내공은 필사의 영향이 아닌가 싶다.

작가 조정래에 따르면 필사는 베껴 쓰는 것 이상의 인생 공부라고 했다. 그가 아들과 며느리에게 대하소설 『태백산맥』을 베껴 쓰게 한 것은 유명한 일화이다. 그는 매일매일 성실하게 꾸준히 하는 노력이 얼마나 큰 성과를 이루는지 알려주고 싶었다고 한다. 필사를 대하는 진지함이 느껴지는 대목이다. 필사는 느리고 답답하다. 무엇이든 잘하려면 시간과 꾸준함이 필요하다. 마음이 뒤숭숭하여 책이 눈에 들어오지 않을 때 필사를 통해 조급한 마음과 욕심을 내려놓고 결과를 좇기보다 과정을 즐기는 연습을 해보자. 극단적으로 느린 독서를 통해 자꾸만 앞서가는 내 마음을 보살펴야 할 때이다.

나에게 힘이 되는 책 속 한 문장을 기록해보세요.

쓰기의 말들

은유/유유출판/2016

'안 쓰는 사람이 쓰는 사람이 되는 기적을 위하여'라는 부제목처럼 이 책을 읽으면 막 쓰고 싶은 욕구를 불러일으킨다. 작가 은유는 감히 따라 하지 못할 필력의 소유자로 그녀의 책은 깊이가 있고 읽은 후 또 읽게 되는 마력이 있다. 자꾸 곱씹게 되는 책. 쓰고 싶은 마음은 있지만 행동이 굼뜰 때 쓰고 싶은 마음이 이길 수 있게 이끄는 마중물 같은 글 모음집이다. 페이지 당 적당한 분량과 저자의 필력은 필사하며 배우기 그지없이 좋다

제6장

습관으로
독서하기

강제적 환경 조성

하루를 연습하지 않으면 내가 알고,
이틀을 연습하지 않으면 오케스트라가 알고 사흘을 연습하지 않으면 세상이 안다.

– 피아니스트 아르투르 루빈스타인 –

책을 읽기 시작한 시점은 15년 전 아이를 키우기 위한 육아서에서 시작되었다. 두 아이에게 아토피, ADHD, 성조숙증 등 굵직굵직한 병명으로 판명 났을 때 관련 책을 찾아 읽었다. 의사는 아이에게 보이는 찰나의 현상만을 보고 별일 아니라는 듯 비교적 쉽게 병을 진단하고 약을 처방했다. 어린아이에게 자연을 거스르는 약물을 수년 또는 수십 년간 투여해야 한다는 사실을 엄마로서 쉽게 받아들이지 못했다. 책을 통해 판단 기준과 처방을 달리 하는 의사들도 있다는 사실을 알았다. 지금은 약물 없이 아토피도, ADHD도, 성조숙증도 말끔히 사라졌다. 당시 의사의 말을 따르지 않은 것이 얼마나 다행스러운지 그때부터 책의 힘을 믿었다. 물어볼 곳이 별로 없는 나는 무엇을 결정해야 할 때 주로 책에 묻고 답을 찾았다. 저자는 내가 아는 최고의 전문가이기 때문이다.

꾸준함의 힘

책을 좋아하고 믿음이 강한 나도 매일같이 읽기 시작한 것은 그리 오래 되지 않았다. 꾸준히 읽는다는 것은 쉬운 일이 아니다. 어떤 책을 읽어야 할지도 잘 모를 뿐더러 책보다 더 재미있는 것들이 너무나도 많다. 1차적 본능을 자극하는 유튜브, 세기도 힘든 다양한 TV 채널, 소리 없이 자막으로도 흠뻑 빠질 만큼 재미있는 예능이 눈을 뜨는 순간부터 나를 유혹한다. 그뿐인가. 손가락만 까딱하면 영화 한 편을 볼 수 있는 세상에 꾸준히 책을 보기란 여간 어려운 것이 아니다.

그렇다고 넋 놓고 재미만 좇을 수는 없다. 유튜브, 네이버, 넷플릭스만 있어도 몇날 며칠을 심심하지 않게 보낼 수 있다. 검색어 하나 넣었을 뿐인데 나의 관심사나 취향, 좋아하는 물건 정보를 알아서 척척 제시해준다. 한 번 클릭을 시작으로 파도를 타기 시작하면 한두 시간은 눈 깜짝할 사이에 지나간다. 온라인에서의 흔적은 다양한 상업적 정보로 돌아와 내 시간을 너무도 쉽게 앗아간다. 어느 순간 매체의 버튼에 작동되는 나를 보고 회의감이 들 때가 있다. 책을 통해 잠시 멈춰 사유할 필요가 있다.

습관을 위해서는 강제적 반복이 필요하다

독서 초보자가 독서를 통해 예능을 뛰어넘는 재미를 맛보기 위해서는 약간의 강제적 환경이 필요하다. 이른바 독서 체력을 기르기까지의 절대적 시간 투자이다. 내가 하는 강제적 활동은 새벽 독서, 블로그 글쓰기, 독서 모임이다.(뒤에서 자세히 설명한다.)

여러 사람이 함께하는 시스템이다. 당위성을 만들어놓고 그 속으로 자신을 밀어 넣어 스스로를 압박하여 자극하는 도구인 셈이다. 빼곡히 짜여 있는 하루 일정에서 책 읽기를 우선순위에 두지 않으면 누구라도 책에서 멀어지기 마련이다.

거대한 온라인 시장에 잠식당하지 않기 위해서라도 독서를 통한 사유 시간만큼은 확보해야 한다. 하루 10분이라도 시간을 정해놓고 그때에는 무조건 책을 읽는다는 기준을 세우는 것이다. 시간 나는 대로 읽겠다는 것은 안 읽겠다는 것과 같다. 읽지 않는 날이 하루 이틀 쌓이면 자연스럽게 독서와 이별하게 된다. 바쁜 직장인의 경우 버려지는 짬 시간을 활용하는 것은 아주 효과적인 방법이다. 특히 약속장소에 30분 정도 일찍 가 있는 습관은 시간에 쫓기지 않아 좋고 그 시간에 책을 읽을 수 있어 좋다. 기다리는 시간이 지겹지 않고 상대가 조금 늦더라도 밉지 않은 결과를 낳는다.

내적 동기 건드리기

외적 환경보다 더 중요한 것은 내적 환경이다. 내가 하고 있는 외적 환경들은 결국 내적 동기 유발을 위한 것이다. 새벽 독서를 통해 책의 한 문장에서 에너지를 얻고 블로그에 글을 쓰면서 그 내용을 내 것으로 만들어 삶에 적용해 보고 독서 모임에서 다른 사람들과 생각을 나누며 새로운 자극을 받는다. 외적 환경 속에서 내면의 힘을 만드는 순환 구조 과정을 반복한다. 수시로 귀찮다는 생각이 들다가도 막상 하고 나면 참 잘했다 싶다. 읽고 싶다는 의욕은 스스로 만들어야 한다, 자극을 만들어내지 않으면 주로 침대와 한 몸이 되어 읽지 않을까. 의욕이 생기길 기다렸다가는 평생 만나지 못할 것이다. 운동을 해야 또 하고 싶고 읽어야 또 읽고 싶어진다.

내적 동기 없는 외적 요인은 지속하기가 힘들다. 미국 베네딕도회 수녀 조앤 치티스터가 말하길 "우리는 이기기 위해 태어난 게 아니다. 우리는 성장하기 위해 태어났다."며 내적 동기의 중요성을 강조했다. 각자의 방법으로 내적 환경을 만들기 바란다. 예쁜 책장과 향기 나는 펜을 사 보기도 하고, 인센스 향을 피우고 책과 함께할 차 한잔을 준비하기도 하면서 외적 동기를 자극해보자. 후에 이 모든 것이 없다 해도 유지할 내면의 힘이 생기기를 기대하면서 말이다. 아무나 할 수 있는 것을 꾸준히 하면 아무나 할 수 없는 것이 된다. 습관이 되는 순간 독서는 깊어지고, 깊어질수록 행복에 한 뼘 더 가까워진다.

02

하루의 시작이 하루를 결정한다

사람의 운명은 새벽에 무엇을 하느냐에 따라 결정된다.

– 정주영 –

2022년 2월, 4시 30분

세 번째 시도하는 새벽 기상이다. 쌀쌀한 날씨 탓에 마트표 저렴한 이불이 호텔 고급 이불처럼 포근하다. 이 편안함을 포기해야 하는 현실에 심한 짜증이 밀려온다. 인생 뭐 있다고 이렇게까지 해야 하나, 누가 알아주는 것도 아니고 당장 인생이 바뀌는 것도 아닌데, 이렇게까지 하지 않아도 실패한 삶은 아닌데, 급기야 억울한 생각까지 든다. 잔뜩 찡그린 채로 화장실에 들렀다가 따뜻한 물 한잔 들고 노트북을 켜면 새글캠(새벽 글쓰기 캠프) 멤버들이 하나둘 줌으로 접속한다. 명상, 다짐, 필사의 과정을 거쳐 글을 쓰다 보면 1시간이 훌쩍 지난다.

강력한 새벽의 힘

사실 새벽에 일어나지 않아도 전혀 문제 될 것은 없다. 더 성공한 삶으로 바뀌는 것도 아니고 돈을 더 많이 버는 것도 아니다. 그런데 왜 나는 실패를 반복하면서 또 시도하고 있는 걸까? 실패 경험은 다이어트 과정과 크게 다르지 않다. 잠시나마 날씬한 내 모습을 맛봤고 그 달콤한 맛을 또 느끼고 싶기 때문이다. 새벽을 고수하는 이유는 아무도 나를 찾지 않는 시간이라서다. 시도 때도 없이 울리는 광고 알람도 없고 거래처 전화도 오지 않는다.

낮이나 저녁에는 나를 둘러싼 수많은 번잡함으로 인해 책 한 줄 읽는 것도, 글 한 줄 쓰는 것도 중간에 멈추게 된다. 새벽에는 버리는 시간이 없다. 필요에 의해 핸드폰을 열지만 엉뚱한 곳으로 흐르지 않는다. 그 새벽에 힘들게 일어나서 얼렁뚱땅 시간을 보내기는 무지 아깝기 때문이다. 새벽은 이런 방해 요인으로부터 완전히 해방되어 마음먹은 것을 충분히 할 수 있다. 새벽 1시간은 낮의 3시간 이상의 효율이 있다. 아무것에도 방해받지 않고 나를 위해 쓴 1시간의 충만함이 하루를 살아가는 에너지를 얻는 데 충분하다. 평범한 일상이 특별한 하루로 바뀐다. 해본 사람들은 모두 공감할 것이다.

　출판계를 보면 새벽 기상에 대한 관심은 명칭만 바꿔 미라클 모닝으로, 최근에는 『나의 하루는 새벽 4시 30분에 시작한다』는 책으로 연이어진다. 그뿐인가. 밴드와 같은 온라인 소모임도 성황이다. 작가 강원국, 컨설턴트 한근태 박사는 새벽에 글을 쓴다. 로버트 아이거 월트 디즈니 회장, 하워드 슐츠 스타벅스 회장, 미토시 킴 쿡 애플 CEO. 이들은 모두 4시 30분에 일어난다. 고 정주영 현대그룹 회장은 젊은 시절 새벽 3시에 일어나 일을 시작했고 회장이 되어서도 새벽 4시에 일어났다. 그 외 수많은 리더가 새벽에 일어난다. 새벽 기상의 매력은 무엇일까.

　『생각의 비밀』에서 김밥 파는 CEO 김승호 회장은 새벽 기상의 중요성에 대해 아래와 같이 말했다. "세상은 6시를 두 번 만나는 사람이 지배한다. 하루에는 두 번의 6시가 있다. 아침 6시와 저녁 6시다. 해가 오를 때 일어나지 않는 사람들은 하루가 해 아래 지배에 들어갈 때의 장엄한 기운을 결코 배울 수 없다." 누구든 일단 성공하고자 하고 건강하고자 한다면 아침에 일찍 일어나는 습관을 가질 것을 당부한다.

　일찍 일어나는 것이 좋은 것은 알지만 현실은 몸이 따라주지 않는다.

나 또한 새벽 기상에 여러 번 도전했고 그만큼 실패했다. 역시 안 된다는 생각에 상실감도 컸다. 그렇다면 실패하는 이유는 무엇인가? 새벽 기상 자체가 목적이기 때문이다. 새벽 기상은 철저히 도구가 되어야 한다. 단지 새벽에 일찍 일어나기 위해 눈을 뜨는 것이 아니라 목표한 무엇을 이루기 위해 일찍 일어나는 것이다. 나는 책을 읽고 글을 쓰기 위해 새벽에 일어난다. 이 책을 집필하기 위함이다. 새벽에 해놓지 않으면 따로 시간을 내기도 힘들고 집중력도 떨어져 결국 못 하게 된다. 하루를 어떻게 시작하느냐에 따라 하루의 질이 결정된다.

실패가 반복된다면 같은 뜻을 가진 이들과 같이 하기

아직 익숙하지 않은 새벽 기상에 성공하기 위한 방법 중 하나는 시스템을 이용하는 것이다. 성격상 무리에 들어가 활동하는 것을 좋아하지 않지만 부족한 실행력을 인정하고 나를 이끌어 줄 누군가의 도움이 필요했다. 의심 많은 나는 한 달만 해 보고 부담스러우면 말자고 했던 것이 1년 치를 신청해버렸다. 그렇게 '내 의지 + 타인 독려'로 새벽 독서와 글쓰기를 지금까지 유지하고 있다. 꼭 이루고 싶은 일이 있는데 혼자 하기 힘들다면 결이 비슷한 사람들과 함께 도움을 주고받는 것이 효과적이다. 서로에게 감시자와 조언자가 된다. 좀 더 쉬운 방법이 있다면 바로 실행하기를 추천한다.

무더운 날씨로 인해 지난밤 잠을 설쳤어도 5시에 눈을 떴다. 매일 하는 일이지만 항상 눈꺼풀이 무겁다. 힘들고 고달프지만 이겨냈고 책상 앞에 앉아 있다. 사실은 일찍 일어나는 것보다 일찍 자는 것이 훨씬 더 어렵다. 잠들기 전 유튜브의 부름과 협상해야 한다. 어쩌다 나태한 하루를 보냈다 해도 스스로를 다그치거나 포기할 필요는 없다. 다음 날 다시 시작하면 된다. 일부 책에서는 새벽에 저절로 눈이 뜨이는 간절함과 열정을 강조한다. 이런 보이지 않는 감정을 자극하는 말에 의지했다가는 한 달도 채우지 못하고 실패한다. 나는 새벽에 눈을 번쩍번쩍 뜰 만한 가슴 벅찬 일을 찾지 못했다. 순간의 열정은 시작은 창대할 수 있으나 오래가는 원동력을 가지지 못한다. 가슴 벅차 오를 때만, 원동력이 있을 때만 전진할 수는 없는 노릇이다.

열정으로 시작했다면 루틴으로 유지하는 힘을 길러야 한다. 내 의지나 다짐이 아니라 끊임없이 반복함으로써 몸에 배기고 새겨진 습관의 힘으로 계속 가야 한다. 삶에 큰 고비가 없고 특별한 간절함이 없는 나 같은 평범한 사람들에게 유일한 방법이다. 꾸준함과 반복이라는 고리타분한 이 단어들이 결국 새벽 기상이라는 루틴 형성의 기초가 된다. 꼭 이루고 싶은 것이 있다면 퇴근 후가 아닌 새벽 시간을 활용해보길 바란다. 직장을 다니며 새벽에 일어나 다른 활동을 하는 것은 무척 피곤한 일이다.

오전 10시쯤 되면 눈이 따갑고 몸이 노곤해 온다. 그런데 이상한 일이다. 몸이 좀 피곤할 수는 있어도 정신이 가벼워진다. 익숙해지면 몸의 무거움조차 사라진다. 여유로운 아침 시간과 넘치는 의욕이라는 큰 선물까지 챙길 수 있을 것이다.

03

독서 모임

책 이야기를 했는데 혹시 책은 핑계고 우린 사랑 이야기를, 사는 이야기를 했던 것 아닐까요?

– 정혜윤, 『삶을 바꾸는 책 읽기』 中 –

독서 모임에 가는 날이다. 이번 주 읽어야 할 책은 내가 즐겨하지 않는 베스트셀러 소설책이다. 소설은 읽고 나면 감성적 촉촉함은 있을지 모르지만 삶에 영향을 주지 않는다. 생각의 확장이나 행동에 변화가 없는 책은 잘 읽히지 않고 시간을 낭비하는 것 같다. 소설류 말고 당장 읽어야 할 실용서들이 줄지어 있기 때문이기도 하다. 생각과 마음의 여유가 없어 그러리라 생각한다. 숙제처럼 완독했고 역시나 크게 와닿는 부분이 없다. 당연히 하고 싶은 말도 떠오르지 않는다. 모임에 참석해야 하나 말아야 하나 고민이 되지만 다른 사람들의 생각이나 이야기를 듣는 것도 도움이 되지 않을까 싶어 참석하기로 했다.

나에게 맞는 독서 모임 찾기

지역 이름을 포함한 '독서 모임' 또는 '북클럽'을 검색하면 생각보다 많은 단체가 등장하는 것에 놀랄 것이다. 책 읽는 사람은 줄고 있다지만 독서 모임은 활발하게 진행되고 있는 편이다. 나는 독서 모임에 참여하기도 하고 직접 운영하기도 한다. 모임은 리더의 특성이나 성향에 따라 분위기가 다르다. 읽은 책을 정리하여 PPT 자료를 발표해야 하는 곳도 있고 낮 시간대 주부 대상으로 자녀와 살림 노하우 관련 모임도 있으며 인문고전을 다루는 깊이 있는 독서를 하는 곳도 있다. 취향에 맞지 않다면 모임이 진행되는 동안 굉장히 불편한 자리가 된다. 힘들게 시간 내어 참석했는데 자칫 수다 떨다 마는 모임으로 전락할 수도 있다.

내 성향과 딱 맞는 독서 모임은 항상 해 보고 싶었는데 섣불리 시도하지 못했다. 괜찮은 독서 모임에 참여하면서 리더에게 방법을 조금씩 배워가며 직접 운영하기 시작했다. 이른바 '꼬꼬무 독서 모임.' 꾸준한 독서는 꼬리에 꼬리를 물게 되어 있다. 내가 추구하는 독서 모임은, 읽고 마는 독서는 안 읽은 것이나 다름없다는 취지 아래 "너무 좋았어요!, 감동받았어요!" 하고 끝내는 모임이 아니라 책으로 삶이 조금씩 바뀌도록 실천하는 모임이다. 도움이 되는 책이라면 어떤 내용이라도 좋은 책이라 생각하고 함께 이야기를 나누고 좋은 것은 서로 권하며 성장하는 모임을 추구한다.

책을 읽고 어떻게 변하란 말인가? 누군가가 묻는다면 아주 작은 변화부터 시작하면 된다. 좀 더 일찍 일어난다든가, 조금 덜 먹는다든가, 글한 줄 쓴다든가…. 그 어떤 것도 괜찮다. 일단은, 읽는 것부터 시작하지만 결국 쓰는 것을 목표로 하고 있다. 쓰기는 읽는 것보다 수십 배의 영감이 있다는 것을 온몸으로 깨달았기 때문이다. 10년 동안 읽은 것보다 1년 동안 쓴 성과가 훨씬 더 좋고 스스로에게 자극이 된다. 실행하는 데는 이보다 더 좋은 방법이 있을까 싶다.

단, 모임 선택에 있어 주의할 점이 있다. 독서가 중심이 되는 것이 아니라 다른 상업적 목적을 위해 책을 수단으로 이용하는 모임도 꽤나 많다. 선을 그어 판단할 수 없게 교묘하게 포장한 곳도 있으니 구성원들이 친절하다고 덥석 손잡지 말고 처음 한두 번은 속내를 잘 살펴보아야 한다.

재미있게 읽으려면 함께 읽어라
혼자 읽는 것의 함정은 자기 세계에 빠진다는 것이다. 독서 모임에 참여하면 내 손으로 절대 고르지 않을 책도 읽게 된다. 기대 없이 참여했던 모임에서 사람들의 이야기를 듣고 있자니 각자의 환경에서 꽂히는 부분이 모두 달랐다. 모임이 마무리될 즈음 처음과 다르게 생각이 많아진다. 같이 읽었을 때 가장 좋은 점이 바로 이것이다. 자신이 미처 생각지 못했던 시선과 관점에 놀랄 것이다. 독서 모임은 책을 읽는 것뿐만 아니라 다른 사람의 이야기를 통해 삶을 배우고 지혜를 얻는다.

독서 모임은 말하는 연습은 물론 듣는 연습도 된다. 주의 깊게 들어야 대화에 적극적으로 참여할 수 있기 때문이다. 귀담아 듣는 것만으로도 책을 새롭게 이해할 수 있다. 또한 좋은 사람들을 만난다. 모임에 참가하는 대부분의 사람은 자신을 사랑하고 타인을 배려하며 좀 더 발전하려고 노력한다. 이런 분들과 나누는 대화에 긍정적 에너지가 흐르는 것은 당연하다. 주고받은 에너지는 삶의 활력이 되고 새로운 가치가 된다. 이상하게 사람들은 나이도 직업도 모르고 심지어 처음 보는 사람 앞에서 책을 매개로 솔직해진다. 진정성 있는 대화 속에서 위로받고 용기를 얻는다. 300페이지의 인쇄물이 뿜어내는 신비한 힘이다. 책을 읽지만 결국 내 주변의 사랑하는 사람들과 잘 지내기 위한 삶에 대한 이야기를 나누는 시간이다.

04

쓰기가 주는 최고의 선물, 자존감

무엇이든 기록해주세요. 매일 기록하는 사람은 하루도 자신을 잊지 않습니다.
그건 곧, 하루도 자신을 잃어버리지 않는다는 말과 같아요.

– 김신지, 『기록하기로 했습니다』 –

2018년 5월 24일. 블로그에 첫 공개 글을 올렸다. '이제부터 글을 쓰겠
다!'라고 선언하는 별 내용도 없는 글인데 발행 버튼을 클릭하는 검지 손
가락이 얼마나 떨리던지. 삶의 속도에 따라 발행 횟수는 들쑥날쑥이지만
기록의 끈을 놓지는 않았다. 그렇게 가까스로 연명하던 블로그에 활기찬
생명을 불어넣고 싶다는 욕심이 생겼다. 더 솔직히 말하자면 네이버 애
드포스트 수익을 만들고 싶었다. 가장 만만하게 시작할 수 있겠다 싶은
서평이나 책 후기를 중심으로 일주일에 3회 정도 꾸준히 쓰겠다는 계획
을 세웠다. 역시 계획은 계획일 뿐 주 1회 쓰는 것도 잘 되지 않았다. 글

쓰기가 우선순위에서 밀리는 오만 가지 이유가 생겼다. 극단의 조치가 필요했다.

'새글캠'(새벽 글쓰기 캠프)에서 매일 글쓰기 주제를 던져주는데 한 번도 생각해보지 못한 주제도 있고 친숙한 주제도 있다. 익숙하지 않은 주제의 글을 쓸 때는 자료도 찾아보고 다른 사람이 쓴 글도 읽어보며 설익은 한 편을 제출했다. 횟수는 처음 생각대로 주 3회를 목표로 했다. 나와 상관없는 낯선 주제임에도 불구하고 글을 쓰는 과정에서 나의 과거 어느 시점과 연결되는 신기한 경험을 했다. 좀 더 몰입하기 위해 쓰고 싶은 주제를 직접 정하여 썼더니 과거의 '내'가 더 섬세하게 보였다. 그렇게 매일 아침 서랍 속의 켜켜이 묵은 기억들을 꺼내어 깨끗이 닦고 정돈했다.

글 쓰는 시간은 나를 만나는 시간

흰 백지에 글자를 넣기 시작하면 어쨌든 이야기 하나가 만들어진다. 글쓰기는 다른 일과 달리 시작이 있으면 끝이 있어 매력적이다. 창작자가 되어 무에서 유를 만들어냈다는 성취감도 있다. 물론 초고는 초등학생 글만도 못하다. 어디서부터 손을 대야 할지 모를 지경이지만 계속 읽으면서 다듬으면 조금씩 예뻐진다. 마치 흙으로 도자기를 빚는 것처럼. 『일생에 한 권 책을 써라』에서 저자 양병무는 이렇게 말했다. "글은 쓰면서 생각하고 고치면서 생각하기 때문에 마음이 정리되어 나온다. 말이 주관적이라면 글은 객관화의 과정을 거친다."

숙제처럼 의무감으로 블로그를 쓰던 나는 내 이야기를 기억해 내고 고치는 과정에서 당시의 나를 만날 수 있었다. 나를 진심으로 대면할 수 있는 글쓰기가 좋아졌다. 글을 쓰기 위해 생각을 짜내다 보면 어릴 적 희미했던 경험이 영화의 한 장면처럼 떠오른다.

'동그란 철판 상에 앉아 생선 반찬을 먹으며 위층 아이의 피아노 소리를 듣고는 나도 피아노 치고 싶다고 엄마에게 건넸던 말.',
'중1 때 처음 영어를 배우면서 beautiful이 그렇게 어려워 눈물을 흘리며 오빠에게 가르쳐달라고 애걸복걸했던 일.',
'촉박한 시간에 한 그릇 먹으려고 뜨거운 수제비를 베란다 창문으로 가져가 창가 바람으로 후후 불며 식혀주던 엄마의 모습.'

일상이 모여 인생이 된다

어른이 되면서 잊힌 기억들이 글감이 되어 하나의 스토리로 재탄생된다. 별것 없는 버려질 일상이 특별하게 포장된 예쁜 추억이 된다. 손에 잡히지 않는 무언가를 이루어가는 느낌이다. 문맥에 맞지 않고 접속어가 어색했지만 상관없다. 매일 썼더니 매일 이루는 하루가 되었다. 그중에서도 제일은 나와 점점 친해진다는 것이다. 좀 더 깊이 알게 되면서 좋아하는 것에 더 집중하고 싫어하는 것에 노력이라는 이름 하에 억지로 애를 쓰지 않으려 한다. 혼자이지만 둘인 것처럼 쉴 새 없이 마음의 대화를 나눌 수 있어 쓰고 고치는 시간이 참 재미있다. 부족함 많은 결함투성이에 자신감 없던 사람이 글을 쓰는 동안은 꽤 괜찮은 사람이 되어간다.

쌓인 기록을 보면 내가 보인다. 지난 1년은 글쓰기로 인해 나를 가장 많이 생각한 한 해였다. 글쓰기가 주는 최고의 선물은 자존감이다. 나를 가장 잘 아는 든든한 한 사람이 앞으로 잘할 거라는 믿음을 주는 것이다. 희극인 정선희는 과거 힘든 시기를 『하루 3줄, 마음정리법』(고바야시 히로유키)로 회복했다고 한다. 잠자기 전 하루 3줄로 그날 스트레스를 리셋하며 '흐름'을 멈추고 오롯이 나를 들여다보는 시간을 갖는 것이다. 장황한 글이 아니어도 하루를 기록하는 삶을 권유한다. 핸드폰 메모장, 노션, 에버노트, 수첩, 인스타, 페이스북, 블로그 어디든 상관없다. 기록은 나의 일에 영감을 주고 곧 나를 성장시킨다. 기록하는 순간 다른 사람이 된다.

오늘도 나는 글을 쓰며 나와 만나 얘기 중이다. 흰 백지를 마주 보며 물

한잔을 커피 삼아 요즘엔 어떻게 지내는지, 오늘은 어제보다 나은지 아니면 못한지, 누구에게 무엇 때문에 심술이 났는지 깊이 대화하다 보면 다 안다고 생각했는데 또 새로운 면을 보게 된다. 글 쓰는 사람이 많아졌으면 좋겠다. 주제나 구성이나 문체나 표현은 지금 중요하지 않다. 나도 시작했으니 당신도 할 수 있다. 이 설렘을 함께 나눴으면 좋겠다.

05

주말에는 카페에서 깊고 진한 독서를

독서할 때 당신은 항상 가장 좋은 친구와 함께 있다.

– 시드니 스미스 –

이른 아침 서울에 모임이 있어 KTX역으로 향했다. 기차 시간은 오전 8시지만 6시에 도착하여 역내 카페에 들러 즐겨 먹는 카페라테 한잔을 놓고 노트북을 켠다. 그 순간 나는 어설픈 디지털노마드다. 발리 해변에서 노트북을 켜고 일하는 책 표지의 주인공처럼 누구나 한 번쯤 꿈꾸었을 기분을 만끽해본다. 발리가 아니라도 이미 난 유명 작가라는 환상에 젖어 온갖 아름다운 형용사를 마구 토해내는 중이다. 늦은 밤에 적은 연애 편지를 다음 날 아침이면 읽지 못할지언정 황홀한 두근거림은 고스란히 뇌 속에 각인된다. 2시간 바짝 집중해 쓴 글은 초고가 항상 그렇듯 앞뒤 맞지 않는 구문, 도대체 무슨 말을 하려는지 알 수 없지만 내 안에서 무언가를 생산해 냈다는 뿌듯함에 서울 여행길은 즐겁기만 하다.

카페에서 누리는 일상의 여유

카페는 책을 읽거나 글을 쓰기에 더 없이 좋은 환경이다. 카페 입구 '카공족 금지'라는 문구가 달린 것도 옛말이 되었다. 요즘은 아예 콘센트와 책상과 조명이 마련되어 있다. 글쓰기가 무료할 때, 책장이 넘어가지 않는, 읽어내야 하는 책이 있을 때 카페에 간다. 그곳이 주는 독특하고 멋스러운 분위기가 있다. 창이 큰 2층의 대형 카페를 좋아한다. 창밖으로 보이는 지나가는 차와 멀찌감치 밭을 일구는 할아버지를 멍하니 보면서 독서를 위한 시동을 건다. 옆에서 급하게 노트북을 켜고 작업하는 이의 조바심이 느껴지기도 하고 맞은편 아기 엄마들의 고단한 일상의 수다를 감상하기도 한다. 볼륨 높은 음악도, 사람들의 웅성거리는 잡담도 몰입을 돕는다. 없던 에너지도 용솟음친다.

주중 직장에서 에너지를 소모했다면 주말은 카페에서 한껏 여유부리며 나를 채우는 시간을 가지기를 권한다. 열심히 일한 당신에게 주말에도 책을 읽으라고 한다면 못할 짓일지도 모르겠다. 그렇다고 하루 종일 소파와 한 몸이 되는 날 기분이 좋았던 적이 있었던가. 시인 장석주는

『일요일의 인문학』에서 말한다. "일요일은 합법적으로 게으름을 피우고, 한껏 여유를 부릴 수 있는 날이다. 봉급과 맞바꾸는 노동으로 채워진 날들에 우리 감성과 감정은 탕진되는데, 일요일은 그것을 재충전하기에 좋은 시간이다. 일요일은 경제적 시간을 견디느라 탕진된 것에 대한 보상이요, 등이 휘는 수고와 메마른 노동으로 빡빡하게 짜인 한 주간을 잘 보낸 것에 대한 선물이다."라며 일요일에 펼쳐 읽기 좋은 책 52권을 소개한다. 늦잠을 물리치는 조금의 불편함을 감수하고 책 한 권 들고 카페로 가기만 하면 '행복'이라는 큰 선물을 받을 수 있다. 침대에서 늦잠을 선택하는 사람과 독서를 선택하는 사람의 내일은 같을 수 있으나 10년 후는 굳이 말하지 않아도 알 것이다.

늦장 부리고 싶은 휴일까지 챙겨 입고 나가기 귀찮다면 나만의 공간에서 즐기는 홈 카페는 어떨까. '세상에서 가장 작은 카페'라는 커피 광고는 집에서도 고급스러운 커피를 즐길 수 있다는 인식을 심어주었다. 인스타그램을 중심으로 집에서 즐길 수 있는 홈 카페 메뉴 및 인테리어가 다양하게 소개되어 있다. 유튜버들은 스타벅스 매장 음악을 그대로 재생할 수 있게끔 제공해준다. 캡슐 커피 머신은 여느 저렴한 카페의 원두보다 훨씬 진하고 그윽하다. 색다른 일상을 더하여 그동안 소홀했던 자신에게 정서적 풍요를 챙길 수 있는 시간을 준다면 큰돈 들이지 않고도 즐길 만한 나만의 취미 생활이 될 수도 있다.

주말에는 어김없이 가는 카페 나들이

토요일이다. 집을 나설까 말까. 세수하고 양치하기도 귀찮은데 침대에서 뒹굴거리며 양껏 책이나 읽을까. 틈만 나면 게으름은 나를 덮칠 기회만 포착한다. 그때 문자 한 통이 도착했다. "유효 기간이 1일 남았습니다." 한두 달 전 선물 받은 스타벅스 티켓 사용을 위해 회원가입을 했는데 축하한다며 음료 한잔을 무료로 준다는 것이다. 1일이 남았다니 오늘 카페를 가야 하는 명백한 이유가 생겼다. 귀찮지만 세수하고 옷을 갈아입는다. 카페 2층 항상 앉는 맨 끄트머리 구석자리에 자리를 잡았다. 오늘은 쓰지는 않고 읽기만 하기로 작정하고 책 두 권을 챙겨 한껏 여유를 부려본다. 스페인의 노천 카페라 상상하면서.

유럽의 카페테라스에서 커피와 독서를 즐기는 여유로운 모습은 TV에서 어렵지 않게 볼 수 있다. 영국의 시인 존 키츠에서 미국의 소설가 어니스트 헤밍웨이까지 그들이 인생을 즐기고 마시던 카페와 바는 아직도 존재한다. 어니스트 헤밍웨이의 『태양은 다시 떠오른다』에 등장하는 카페 '라 호동드'는 최근에도 예술가들의 관광지이자 단골 아지트라고 한다. 동네 별다방이건 내 책상 한편의 홈 카페이건 간에 책 읽는 습관을

위해 의도적인 루틴이 가져다주는 행복을 느껴보길 바란다. 나 또한 인

생을 즐길 나만의 아지트를 찾는 중이다. 그곳에서 풍미 가득한 독서를

평생 즐기고 싶다.

출처: 기사 '예술가들이 사랑한 카페', 국립중앙도서관 블로그

https://blog.naver.com/dibrary1004/221078492279

06

대충 살기 위해 열심히 산다

여유는 할 일을 하면서 충분히 쉬는 것이지만 게으름은
할 일도 안 하면서 제대로 쉬지도 못하는 것이다.

– 문요한 –

『나는 대충 살기 위해 열심히 산다』

최이슬 작가의 책 제목이다. 이 글을 본 후로 인생 모토로 삼아버렸다. '대충'과 '열심히'는 반대의 의미 같으면서도 아주 비슷한 성향이다. 두 부사 모두 가치가 있다고 생각되는 것을 선택했다면 '열심히'는 선택된 것에 대해 온 힘을 다하는 것. '대충'은 선택되지 않은 나머지 것들은 즐기는 것. 억지로 애쓰며 나를 혹사시키지 않는 것을 의미한다. 나만의 정의이다. 시간이 갈수록 '열심히'의 시간은 줄이고 '대충'의 시간은 늘이는 삶을 꿈꾼다. 나에게 열심히는 일(사업)이다. 대충은 읽고 쓰기이다. 어떻게 생각하면 읽고 쓰기가 '열심히'의 영역인가 싶기도 하다. 경계가 모호해진다.

몇 년 전 욜로(YOLO : You Only Live Once) 라는 용어가 한참 유행이었다. 젊은이들이 오늘만 살자는 생각으로 과소비와 방탕한 생활을 합리화하는 데 사용됐다. 어른들은 그런 욜로 족을 보고 비판의 날을 세웠다. 게으르고 쾌락적인 부정적 느낌이 강했는데 어원을 알고 보니 진정한 의미의 욜로는 현재를 즐겁게 살겠다는 긍정적 표현이라 한다. 미래의 불확실성 때문에 현재를 즐기겠다는 것이다. 불안한 사회가 만들어낸 삶의 새로운 가치관인 셈이다.

「2022 세계 행복보고서」에 따르면 한국의 행복지수가 경제협력개발기구(OECD) 38개 회원국 중 36위로 최하위권으로 나타났다. KDI 경제정보센터는 "세계 10위 경제 대국인 한국이 국민 삶의 만족도는 OECD 최하위권"이라고 분석했다. 노인 빈곤율, 가계부채율, 자살률, 노동시간 등의 수치를 봤을 때 열심히 일해도 월급이 물가상승분을 따라가지 못한다. 우리는 더 바빠졌고 더 가난해졌다. 사회의 구조적 모순은 따로 두더라도 내 앞에 닥친 삶은 좀 더 의미 있게 살아내야 한다. 개인 일과 삶의 균형, 진정한 의미의 워라밸(Work Life Balance)이 필요한 때이다.

대충 살기 위한 힘찬 발걸음

공유 오피스 2호점 준비가 한창이다. 2호점을 오픈하기로 마음먹기까지 오랜 시간이 걸렸다. 시설사업이라 투자금이 만만치 않기 때문이다. 사업은 잃을 확률과 얻을 확률이 동시에 존재한다. 자본뿐만 아니라 노력, 정성, 땀, 실망, 허탈, 불안과 같은 유·무형의 것들을 감당해야 한다. 시작하지 않으면 잃을 일도 없으니 안전하고 싶은 마음도 적지 않았다. 책상 위에는 5년 후 나의 모습이 적혀 있다. 지금 변화를 시도하지 않으면 5년 후에도 지금과 똑같다는 것은 불을 보듯 뻔하다. 미래에 대충 살기 위해 지금 한 발 내딛기로 결심했다.

나는 오후에 게으르게 살기 위해 오전을 부지런히 산다. 오전에 집중해서 일하기에 뿌듯하고 오후에 충분히 쉬었기에 힘들지 않다. 바쁘지만 여유롭다. 직장생활 할 때까지만 해도 상상하지 못한 삶이다. 주어진 것에 만족하고 불쑥 올라오는 무모한 욕심을 잘 다스렸더니 하루의 만족도가 높다. 반복되는 일상이지만 모든 것이 의미 있고 어느 것 하나 소중하지 않은 것이 없다. 칼같이 경계를 그을 수는 없지만 일과 쉼의 선이 조금씩 사라지고 있다. 하루 종일 뛰어다닌다고 피곤하지 않다. 오히려 그런 날이 더 뿌듯하다.

    최이슬 작가는 책에서 말한다. "나는 대충 살고 싶다. 일하기 싫으면 그만두고, 먹고 싶으면 먹고, 하고 싶으면 하고, 그냥 그렇게 흘러가는 삶을 살고 싶다. 그래서 결심했다. '그까이꺼 대~충' 살기로" 여기서 대충은 단순히 아무 계획 없이 막무가내로의 삶을 뜻하는 것이 아니다. 모든 선택권을 내가 가진다는 말이다. 『고수의 학습법』에서 한근태 박사의 말과 일맥상통한다. "인생의 묘미는 얼마나 소유했느냐, 어떤 위치에 올랐느냐에 달려 있지 않다. 그보다는 얼마나 많은 것으로부터 자유로운지에 달려 있다." 앞서 최이슬 작가의 말에서 자유를 추구하는 마음이 느껴진다. 열심히 살아본 자만이 '대충'의 깊은 뜻을 이해할 것이다. 5년 후 우리는 나를 둘러싼 것으로부터 얼마나 자유로울 수 있을까 생각해본다.

에필로그

> 인생에서 가장 슬픈 3가지.
> 할 수 있었는데, 해야 했는데, 해야만 했는데.

‒ 루이스 E. 분 ‒

나는 목적론자다. 목적이 없는 행동은 재미가 없고 오랫동안 지속하지 못한다. 이 책을 집필한 목적도 당연히 있다. 책 한 권에 내 이름을 새겨 존재를 드러내고 싶다. 내가 누구라고 일일이 말하는 것 대신 책으로 내가 어떤 생각을 가진 사람이라는 것을 전하고 싶다. 더불어 평생 삶의 기록이 남겨진다는 것은 그 자체로도 의미가 있다. 여하튼 의미보다는 실용을 앞세우는 지극히 자본주의적 인간인 나의 목표는 올해, 늦어도 내년 초 출간이다.

한 주에 세 편씩 썼다. 쓰는 동안 늘 책을 끼고 살았고 정기 간행물과 인터넷 콘텐츠를 정기 구독했다. 자료를 참고하기 위해 신문과 칼럼을 읽고 자주 도서관을 드나들었다. 분량의 반쯤 채우고 나니 쓸 내용이 고갈되었다. 남은 물기까지 쥐어 짜내어 어느덧 250페이지에 달하는 초고를 완성했다. 그러나 내용이 형편없다. 부끄러워 내놓을 수가 없다. 온갖 욕을 다 먹겠구나 싶다. 유능한 작가도 아니고 처음 책을 쓰면서 몇 달 안에 끝내려니 한계가 드러나는 것은 뻔하다. 과거 책을 읽으며 저자들의 글 실력을 자유자재로 논했던 것에 깊은 죄송함을 느낀다. 책을 읽는 것과 글을 쓰는 것은 차원이 다른 것임을 이제야 알았다.

부족하지만 이대로 출판을 진행하기로 했다. 이 또한 내 모습이다. 유려한 글 솜씨를 갖출 때까지 기다리는 것보다 내 한계를 인정하고, 모자라고 부족한 모습마저 보여주기로 했다. 이 책에서 줄기차게 말했던 '최고보다 최선을, 성공보다 성장이 더 중요한 가치'라 생각하기 때문이다. 대신 어색하고 턱턱 막히는 부분을 없애려고 읽고 고치고 다시 썼다. 자랑하려는 모습, 꾸며진 모습, 솔직하지 못한 모습은 정확하고 솔직한 언어로 바꾸고, 멋있게 보이려는 모습, 부풀어진 자아의 거품을 꺼뜨리려 노력했다. 실력은 부족할지언정 적어도 요행은 부리지 않았다. 매일 새벽 5시에 일어나 성실히 썼다.

직장에서 나왔더니 당장 거래 은행의 대출금 한도액이 줄었다. 서비스를 선택했던 갑의 입장에서 팔아야 하는 을의 입장이 되었다. 하지만 누구보다 내 삶에 만족하며 당당하게 살고 있다. 단지 마음속 짐이 하나 있는데, 퇴직 후 3년이 지나도록 부모님께 알리지 못했다. 든든한 직장에 다니는 자식이 큰 자랑거리 중 하나였는데 실망을 드리는 것이 죄스러웠다. 다행히 연금을 받을 수 있을 만큼의 기간을 참아냈고 휴직 교사들의 빈자리를 채우는 기간제 자리가 넉넉하게 있으니 먹고사는 걱정은 하지 않았으면 한다. 무엇보다 남의 눈치 보지 않고 즐겁게 웃으면서 일할 수 있음에 함께 기뻐해주셨으면 한다. 이제는 나이 50을 바라보는 자식보다 80을 눈앞에 둔 당신들의 삶을 우선하시기를 바란다.

"저는 매일이 새로운 날이며 오늘이 최고로 행복한 날입니다. 모두 당신들 덕분입니다."

채인선의 동화 『산다는 건 뭘까?』에 이런 말이 나온다.

산다는 건 너의 시간을 즐기는 거야
너의 시간을 네가 원하는 색으로 물들이는 거야
그걸로 너의 일평생,

너만의 작품을 완성하는 거지

지금 이 순간에도 내가 원하는 색으로 물들이는 인생의 작품을 만드는 중이다. 뜻대로 되지 않아 조바심이 나기도 하고 부질없다는 생각 앞에 만사 귀찮을 때도 있지만 "느린 것을 염려하지 말고 멈추는 것을 염려하라"는 김밥 파는 CEO 김승호 회장의 말처럼 멈추지 않고 나의 속도로 거침없이 물들어가려 한다. 나답게 생각하고 행동할 때 희망에 가까이 갈 수 있고 오래 버티는 힘도 생긴다. 어느 날 기분이 좋아지고 심장이 두근거린다면, 예전에 없던 도전하고 싶은 욕구가 생긴다면, 그런 활기찬 감정이 지속적이라면 나다움에 가까이 가고 있는 것이다. 구체적인 방법은 여러 책에 이미 제시되어 있다. 이 책을 읽은 우리끼리 약속 하나 하자. 딱 2년 후 각자 어떻게 변할 것인지 계획을 세우고 그때쯤 다시 확인해보자. 멈추지 않는다면 분명히 그렇게 되어 있을 것이다. 적어도 바라는 모습에 근접해 있을 것이라 확신한다.